KB069111

카셀이 들려주는
환율 이야기

카셀이 들려주는

환율 이야기

승지홍 지음 · 오승만 그림

13
경제학자가 들려주는
경제 이야기

고전 속 경제,
교과서와 만나다

|주|자음과모음

남한과 북한이 통일된다면 많은 제도의 정비가 필요하겠지요? 이 가운데 하나는 남한의 통화인 원화와 북한의 원화 사이의 교환 비율을 어떻게 정하느냐 하는 문제입니다. 독일은 1990년 동독과 서독의 경제 통일이 이루어질 때 동독 마르크화를 없애면서 서독의 마르크화와 1:1로 교환하였어요. 당시 공식 환율에 의하면 서독의 1마르크는 동독의 2마르크로 교환되었으나, 구매력은 1대 4로 서독 마르크화가 동독 마르크화보다 가치가 높았습니다. 하지만 동독의 통일에 대한 저항을 줄이고자 서독이 경제적 손실을 감내하기로 한 것이지요. 우리의 경우에는 독일처럼 남한과 북한 통화의 교환 비율(환율)을 무조건 1대 1로 결정하기에는 문제가 많을 것이므로 좀 더 합리적인 방법으로 교환 비율을 결정해야 합니다. 그렇다면 어떻게 적정 환율을 산정할 수 있을까요? 이 문제에 대한 해답은 스웨덴 출신의 경제학자인 칼 구스타프 카셀이 1918년에 제시한 구매력 평가 환율을 참고할 수 있습니다.

구매력 평가에 의한 환율 결정 방법은 제1차 세계 대전 이후에 국가 사이의 환율 수준을 결정하는 데 유용하게 사용되었어요. 오랜 기간 전쟁이 지속되면 정상적인 무역이나 자본의 이동이 불가능해집니다. 따라서 전쟁 기간에는 외국 통화에 대한 수요와 공급이 비정상적이므로 전후에 환율을 외환의 수요와 공급에 따라 결정하기는 어렵지요. 이러한 경우에 카셀은 "환율은 양국 통화에 내재된 구매력의 비율에 의해 결정되어야 한다"고 주장했어요. 즉, 통화의 가치가 그 통화의 구매력에 있다면 자국 통화와 외국 통화 사이의 교환 비율인 환율은 각 통화의 구매력의 비율에 의하여 결정되어야 한다는 것입니다. 일반적으로 통화의 구매력은 물가 수준에 의하여 나타낼 수 있으므로 환율은 양국의 물가 수준에 의해서 결정된다는 주장이 구매력 평가설(purchasing power parity)이에요.

구매력 평가설이 매우 정확하게 적용되는 것은 인플레이션율이 높은 국가의 경우로, 인플레이션율이 낮은 선진국에서도 장기적으로는 유용한 방식으로 받아들여지고 있어요. 칼 구스타프 카셀이 들려주는 환율 이야기는, 여러분이 환율의 변동이 경제에 미치는 영향을 이해하는 데 큰 도움이 될 수 있을 것입니다. 아무쪼록 이 책이 여러분 스스로 경제를 바라보는 시각을 넓히는 데 도움이 되었으면 합니다.

승지홍

차 례

가격은 물건을 사고자 하는 수요량과 물건을 팔고자 하는 공급량이 일치하는 점에서 결정된다. 이를 균형 가격이라고 하는데, 환율도 이와 마찬가지이다. 수요량과 공급량이 변할 경우 환율도 변화가 생기는 것이다.

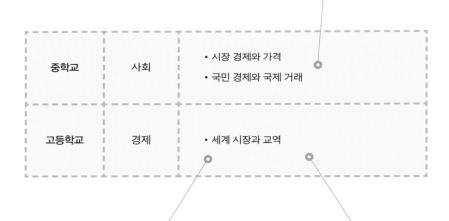

중학교	사회	• 시장 경제와 가격 • 국민 경제와 국제 거래
고등학교	경제	• 세계 시장과 교역

세계의 여러 나라에서는 서로의 말이 다른 것처럼 서로 다른 통화를 사용한다. 세계 여러 나라 사람들은 서로 물건을 사고팔고 있으며 자유롭게 여행하기도 한다. 그래서 '환율'이 필요한 것이다. 환율이란 자국 통화와 외국 통화의 교환 비율, 즉 외국 통화 한 단위를 사기 위해 자국 돈으로 지불해야 하는 가격을 의미한다.

환율을 이해할 때 종종 '빅맥 지수'를 사용하기도 한다. 여기서 빅맥은 맥도널드에서 판매하는 햄버거를 가리키는데, 이 빅맥의 가격이 나라마다 다르기 때문에 이것을 비교하여 우리 돈으로 환산하면 어느 나라의 빅맥이 가장 싼지 알 수 있다.

	세계사	카셀	한국사
1866	국제 노동자 협회(제1인터내셔널) 창설	스웨덴 스톡홀름 출생	병인양요
1876			강화도 조약 체결
1903	미국의 라이트 형제가 비행기 만듦.	『이자의 성질과 필요성』 발간	대한YMCA 창립
1904	러일 전쟁 발발	스톡홀름 대학교 경제학 교수 (~1933)	
1905			을사조약 강제 체결
1914	제1차 세계 대전 발발		
1916		구매력 평가설 주장	박중빈, 원불교 창설
1918	윌슨 대통령 14개조의 평화 원칙 발표	『사회 경제학 원론』 발간	대한 독립 선언서 발표
1919			3·1운동 시작
1920	국제 연맹 창설	브뤼셀 국제 금융 회의 참석, 세계의 화폐 문제에 관한 의견서 제출	김좌진, 청산리 전투
1921		『세계의 화폐 문제』 발간	
1922	이탈리아 무솔리니 집권	『화폐 및 외환론』 발간	
1928		미국에서 통화 문제에 관해 강연	한글날 제정
1929	세계 경제 공황		
1933	뉴딜 정책 실시	런던 세계 경제 회의 대표	조선어 학회, 한글 맞춤법 통일안 발표
1939	제2차 세계 대전(~1945)		
1945	국제 연합(UN) 창설	사망	8·15광복

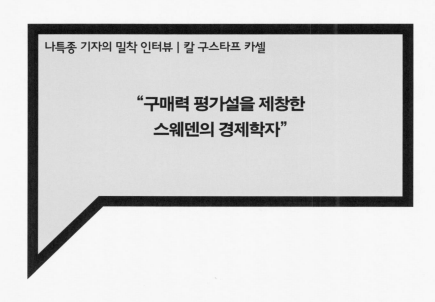

"구매력 평가설을 제창한 스웨덴의 경제학자"

오늘은 '구매력 평가설'로 유명한 칼 구스타프 카셀 선생님의 '환율' 강의가 있는 날입니다. 수업을 시작하기에 앞서 카셀 선생님을 모시고 인터뷰를 나눠 보도록 하겠습니다. 안녕하세요, 선생님! 이렇게 만나 뵙게 되어 영광입니다.

네, 안녕하세요. 여러분을 만나서 참 반갑습니다. 오늘 수업에 대해서 다들 기대하고 있는 모습을 보니 내 마음도 설레는군요. 하하.

그렇게 말씀해 주시니 감사합니다. 선생님께서는 1866년에 스웨덴의 수도인 스톡홀름에서 태어나셨다고 들었는데요. 대학도 그곳에서 나오셨나요?

네. 어린 시절을 그곳에서 보내고 세계적으로 우수한 대학으로 손꼽히는 스웨덴의 웁살라 대학교에서 수학을 공부했어요. 그리고 나서 독일로 유학을 가서 경제학을 배웠지요. 공부를 모두 마친 후에는 다시 스웨덴으로 돌아와 1903년에서 1933년까지 스톡홀름 대학의 경제학 교수로 근무했답니다.

그렇군요. 그런데 선생님께서는 보통의 스웨덴 경제학자들과는 다소 견해를 달리한다고 들었습니다.

그렇게 말할 수도 있겠군요. 보통 스웨덴의 경제학자라고 하면 스톡홀름 학파의 창시자로 알려진 빅셀과 그의 후계자인 에리크 린달, 그리고 칼 군나르 뮈르달 등을 떠올립니다. 이들은 주로 빈곤 문제에 관심을 가졌고, 뮈르달은 주류 경제학을 배격하기도 했어요. 하지만 나는 이들과는 다른 견해를 가지고 있습니다. 특히 뮈르달이 추진한 재정 수단을 통한 반순환 정책에 비판적 태도를 보여서 보수적이라는 평가를 받았지요.

선생님의 업적 가운데 가장 대표적인 것은 무엇이라고 생각하십니까?

뭐, 직접 밝히기는 쑥스럽지만, 수요 함수는 효용 이론을 사용하지 않고 관찰로 이끌어 내야 한다는 주장과 오스트리아 자본 이론을 다듬었다는 것을 들 수 있겠군요. 조금 어려운 말이지요? 지금 설명하기에는 시간이 부족하니, 이어질 수업 중에 기회가 되면 차근차근 이야기하도록 할게요.

네. 그럼 선생님의 대표적 저서인 『화폐 및 외환론』에 대해 이야기해 주시겠

국제 연맹
1920년에 미국 대통령 윌슨의 제창에 따라 국제 평화 유지와 협력의 촉진을 목적으로 창설한 국가 간의 연합체입니다. 이후 1945년 국제 연합의 창설로 1946년에 해체되었지요.

관리 통화 제도
한 국가가 가지는 금의 양과 상관없이 통화 당국이 국민 경제 전체에 가장 적당하다고 판단하는 선에서 자유로이 통화 발행액을 결정하는 통화 제도를 말합니다.

어요?

『화폐 및 외환론』은 제1차 세계 대전부터 전후 부흥기까지 국제적인 외환 문제를 취급한 것입니다. 1921년 국제 연맹에 외환 문제에 대한 문서를 제출했는데, 이 책은 그것을 확대한 작품입니다.

책에서 중점을 둔 내용은 무엇인가요?

음. 이 책에서 주목해야 할 것은 '오늘날 말하는 관리 통화 제도 아래에서 화폐의 가치(구매력)는 무엇에 따라 결정되는가?'라는 질문으로부터 시작한다는 점이에요. 이 물음에 대해서는 제1차 세계 대전 전후의 실제 경험을 통해 한 나라의 화폐 구매력이 국내의 화폐 공급량에 의존한다는 결론을 얻었어요. 국내의 화폐 가치, 즉 구매력이 정해지면 그것을 기초로 국제적으로 성립해야 할 외환의 비율, 즉 환율이 정해지게 됩니다. 이것이 바로 '구매력 평가설'의 핵심이지요.

구매력 평가설의 배경이 되는 당시의 외환 상황에 대해서 말씀해 주시겠습니까?

제1차 세계 대전 전까지 대부분의 나라는 금 본위 제도를 채택해 자국의 통화를 금의 가치와 연동시키고 있었어요. 이 제도 아래서 각국 은행들은 금과의 교환을 조건으로 한 지폐를 발행했으며, 국제적으로는 각 나라의 통화로 표시

금 본위 제도
화폐의 가치를 금의 가치로 표시하는 제도를 말합니다.

된 평가, 즉 금과의 교환 비율에 따라 환율이 정해졌어요. 이런 상황에서 무역의 불균형은 금의 유출입과 각국의 물가 변동에 따라 자동적으로 조절되었습니다.

그렇다면 금 본위 제도에는 큰 문제가 없었을 텐데 왜 무너지게 되었나요?

제1차 세계 대전으로 인한 혼란으로 경제적 상황은 큰 변화를 맞게 되었어요. 세계 각국은 차례로 금 본위제에서 이탈했지요. 그 결과 일시적으로 변동 환율 제도가 채택되었고, 금과 연결되지 않는 지폐가 성립되었어요.

구매력
평가설

금이 기준이 되지 않는 통화끼리의 교환 비율은 어떻게 결정되었나요?

바로 그 물음에 대한 답이 구매력 평가설입니다. 한 나라 통화의 국제적인 가치는 그 통화가 국내에서 가질 수 있는 구매력을 기준으로 주어진다는 것입니다. 간단히 말해, 구입할 수 있는 재화와 서비스의 양이 동일해지도록 환율이 결정된다는 것이지요. 물론 현실적으로 성립하고 있는 환율이 항상 실제의 구매력을 반영한다고 할 수는 없어요. 그러나 장기적으로 본다면 평균적으로 성립하리라고 생각하는 것이지요. 이 이야기는 인터뷰만으로는 조금 이해하기 어려우니, 수업을 통해서 더 자세하게 설명하기로 합시다.

네. 제1차 세계 대전 이후 선생님께서 하신 활동들에 대해서도 좀 이야기해 주시지요.

대단한 활동을 한 건 없어요. 1920년 브뤼셀 국제 금융 회의에 참석해서 세계의 화폐 문제에 관한 의견서를 제출하고, 1928년에는 미국으로 건너가 통화 문제에 관한 강연 여행을 했지요. 그 후 1933년에 런던 세계 경제 회의의 대표가 되어 활동했답니다. 이후 다양한 책들을 쓰고 경제 이론들을 발표했는데, 그중에서도 환율과 관련된 이야기들을 이번 강의에서 집중적으로 살펴보도록 할게요.

다양한 활동을 하셨네요. 역시 겸손하십니다. 하하. 그럼 인터뷰를 마치기 전에 마지막으로 해 주실 말씀이 있으신가요?

네. 대부분의 사람들이 환율을 이야기하면 어렵게 생각하는 경향이 있어요. 물론 이번 인터뷰를 통해서 모두 설명하기에는 한계가 있지만 조금만 공부해 보면 아주 흥미로운 개념이라는 것을 깨닫게 될 것입니다. 또, 우리들의 일상적인 경제 활동과 밀접한 연관이 있는 개념이인 만큼 이번 수업을 통해 확실하게 배워보길 바랍니다.

네. 좋은 말씀 감사합니다. 그럼 우리 친구들이 잘 이해할 수 있도록 멋진 강의 부탁드리겠습니다. 지금까지 나특종 기자였습니다.

환율이란 무엇일까요

오늘날 세계의 외환 시장에서는 하루에 3조 달러 정도의 외환이 거래되고 있어요. 외환은 어떤 기준에 의해서 거래되는지 그 개념과 표시 방법을 알아보고, 환율이 어디에서 어떻게 결정되는지 공부하도록 합시다.

수능과 유명 대학교의 논술 연계

2010년도 수능(경제) 10번

환율 – 두 나라의 돈을 교환하는 비율

땡! 땡! 땡! 드디어 첫 번째 수업이 시작됐군요! 환율이 어려울 거라는 편견을 가진 학생들이 제법 많은데 지금부터 차근차근 알아볼 테니 기대해도 좋아요. 그럼 시작해 볼까요?

    세계화 시대에 다른 나라와의 거래는 한 나라 경제에서 중요한 비중을 차지합니다. 그런데 외국에서는 우리 돈을 사용할 수 없기 때문에 그 나라의 돈으로 바꾸어야 해요. 지금은 미국의 달러가 세계 여러 나라 돈의 기준

교과서에는

우리 사회는 전 세계가 국경을 넘어 경제적으로도 하나의 질서로 통합되고 있습니다.

이 되기 때문에 달러를 외국의 대표적인 돈으로 생각하면 편리해요. 그렇다면 각 나라의 돈은 어떤 기준에 의해서 교환되는 것일까요? 다음의 이야기를 먼저 들어 봅시다.

열심히 일만 하던 개미가 생전 처음 세계 여행을 떠나게 되었습니다. 개미는 먼저 토끼나라에 도착했어요. 한참 돌아다니다 목이 말라진 개미는 한 가게에 들어가서 사이다 한 병을 시키고 1000원을 냈어요. 그러자 가게 주인이 황당하다는 표정으로 말했어요.

"아니, 이건 당신네 나라 돈 아니오? 여기서는 토끼나라 돈을 써야지!"

"그런가요? 외국 여행이 처음이라서 개미나라 돈만 잔뜩 가지고 왔는데 어쩌죠?"

"그럼 어쩔 수 없지. 당신네 돈으로 1000원을 더 내시오."

"네? 사이다는 개미나라에서 1000원이에요. 그런데 2000원을 내라니요?"

"하, 답답하긴! 환율이 그런 걸 어쩌란 말이오?"

"화, 환율이 뭔데요?"

"나 참. 환율은 한 나라의 돈과 다른 나라 돈의 교환 비율을 말하는 거요. 환율이 있어야 국가 간의 무역 거래에 말썽이 없다오. 지금 환율에 따르면 당신네 1000원은 우리 돈 500원에 해당하지. 그러니 당신네 돈 2000원을 내야 우리 돈으로 1000원의 가치가 되는 거요."

가게 주인의 설명을 들은 개미는 2000원을 주고 가게를 나왔어요. 그리고는 다른 나라의 환율을 알아보고 환율이 비교적 낮은 나라로 여행 가기로 마음먹었답니다.

여러분, 이 이야기처럼 나라마다 사용하는 돈이 다르다는 것은 알고 있지요? 대표적으로 한국은 '원' 화폐를 사용하고 미국은 '달러'를 사용합니다. 이렇게 서로 다른 화폐를 가지고 거래하려면 정확한 기준이 필요해요. 한국과 미국이 무역하는 경우를 통해 이에 대해 자세히 알아봅시다.

한국에서 한 통에 2만 원에 팔리는 김치를 미국에서는 얼마에 팔아야 할까요?

"한국 화폐 2만 원이 미국의 달러로 어느 정도 가치인지 먼저 알아야 해요."

그래요. 다른 나라와 무역을 할 때는 두 나라가 서로 다른 돈을 사용하고 있다는 것이 걸림돌이 될 수 있어요. 이 문제를 해결하기 위해서는 두 나라 돈의 교환 비율을 정하면 됩니다. 예를 들어 '미국 돈 1달러는 한국 돈 1000원에 해당된다'라고 하는 거예요. 이렇게 되면 미국 돈 1달러와 한국 돈 1000원을 교환할 수 있습니다. 이를 토대로 환율의 의미를 말해 볼 수 있겠지요?

교과서에는

서로 다른 화폐들을 교환하기 위해 교환 비율을 정해야 하고 이때 필요한 개념이 환율입니다.

"네. 외국 돈으로 표시한 우리 돈의 가격이에요."

그래요. 환율은 한국 돈 얼마가 외국의 돈 얼마에 해당하는가를 나타내는 거예요. 다시 말하면, 환율은 서로 다른 두 나라의 돈을 바

꿀 때 적용되는 교환 비율입니다. 환율은 이와 같이 두 나라 돈의 교환 비율을 나타내는 동시에 한 나라 돈의 대외 가치를 나타내지요. 미국 달러화에 대한 원화 환율이 1달러＝1000원이라는 것은 미국 돈 1달러의 가치가 1000원이라는 것을 의미하며, 이는 한국 돈 1원의 가치가 1/1000달러라는 뜻이기도 합니다.

그렇다면 앞의 이야기에서 가정한 것처럼 개미나라 사람이 토끼나라에 가서 3000원에 해당하는 물건을 사려면 어떻게 해야 할까요?

"개미나라 돈 1000원은 토끼나라 돈 500원에 해당하기 때문에, 개미나라 돈 6000원을 토끼나라 돈 3000원으로 바꿔 가면 물건을 살 수 있어요."

그래요. 마찬가지로 미국 사람이 한국의 제주도에 놀러 오면 은행에서 미국 돈인 달러를 한국 돈으로 바꿔 사용해야 합니다. 그래야 식당에서 음식도 사 먹고 제주도 특산품도 살 수 있겠지요. 여러분이 다른 나라로 여행 갈 때에도 한국 돈을 그 나라에서 사용하는 돈으로 바꿔야 합니다. 이처럼 우리 돈을 외국 돈으로 바꾸는 것을 환전이라고 해요.

"선생님! 그러면 환전은 어디에서 할 수 있나요?"

환전은 은행에서 해 줍니다. 은행은 여러분이 갖고 있는 한국 돈을 외국 돈으로 교환해 주는데 환율에 따라 여러분이 받을 수 있는 외국 돈의 양이 달라집니다. 미국 돈 1달러가 한국 돈 1000원에 해당된다고 합시다. 이 경우 여행을 가기 위해서 모아 둔 돈 110만 원을 환전하면 은행은 여러분에게 1100달러를 지불해 줍니다.

$$\frac{1,100,000}{1,000} = 1,100(달러)$$

이렇게 환율은 다른 나라 화폐로 표시한 자국 화폐의 가치라고 볼 수 있어요. 이때 환율이 1달러에 1000원에서 1100원으로 올랐다고 합시다. 이제 여러분이 받을 수 있는 달러의 양은 어떻게 변할까요?

"1달러를 사기 위해 더 많은 돈이 필요하다는 뜻이니까, 이런 경우 같은 양의 원화로 바꿀 수 있는 달러의 양은 더 적어질 거예요."

그래요. 한국 돈의 양은 같더라도 여러분이 받는 돈은 1000달러가 되어 이전보다 적어집니다.

"환율이 오르기 전에 비해 100달러가 줄어들었네요."

그래요. 환율이 오를 때 해외여행을 가면 이전에 비해 더 많은 돈이 든다는 사실을 기억하세요. 이런 방법으로 환율이 내릴 때는 여러분이 받을 수 있는 달러의 양이 많아진다는 것을 계산해 볼 수 있을 거예요. 환율은 이렇게 우리의 일상생활에 큰 영향을 끼칩니다.

또한 환율은 두 나라 사이의 무역을 편리하게 해 주며, 두 나라의 물건값을 비교할 수도 있게 해 줍니다. 예를 들어 똑같은 모자가 미국에서는 7달러이고 우리나라에서는 1만 4000원이라고 해 봅시다. 1달러의 환율을 1000원이라고 가정하고 7달러를 우리나라 돈으로 계산하면 7000원이 됩니다. 그러니까 미국에서 7000원 하는 모자가 우리나라에서는 두 배의 가격에 판매되고 있다는 이야기가 되지요.

이렇게 환율을 통해서 우리나라가 다른 나라에 비해 물가가 높은지 낮은지를 비교해 볼 수도 있습니다.

환율의 표시 방법

경제가 눈부시게 발전하고 있는 현대 사회에서는 국가 간의 거래도 활발하게 이루어지고 있습니다. 나라마다 가지고 있는 자원이 다르고 경제적 특성도 다르기 때문에 서로 교환 활동을 통해 경제적 이익을 누리고 있지요.

"우리 주변에서 이루어지고 있는 교환 활동에 대해서 설명해 주세요."

예를 들면, 중국의 경우 인건비가 매우 싸고, 일본의 경우 전자 제품을 개발하는 기술이 매우 발달되어 있어요. 그래서 일본에서는 발달된 기술력과 중국의 싼 인건비를 활용하여 기존의 가격보다 싸게 제품을 만든 후 세계로 수출합니다. 한국도 이러한 방법을 통해 인건비를 줄이고 가격 경쟁력을 높이기 위해 애쓰고 있어요. 이를 통해서 제품을 구매하는 사람은 물건을 싸게 구입해서 좋고, 판매하는 사람 역시 가격 경쟁력 있는 좋은 물건을 판매하게 됨에 따라 수익을 더욱 높일 수 있어서 이익을 얻게 되지요.

그런데 이 모든 과정에서 필요한 것이 바로 환율이라는 사실을 알고 있나요? 일본과 중국 간에 이와 같은 교류 활동이 발생하면 일본에서 중국으로 임금이 지불되어야 하기 때문이에요. 중국에서는 일본에서 쓰는 '엔화'가 쓰이지 않기 때문에 중국 화폐로 지불해야 해요. 이때 일본 화폐와 중국 화폐를 교환하기 위한 척도가 필요한데 이것이 바로 우리가 배운 환율입니다.

앞에서 이야기한 것처럼 세계 여러 나라는 각각의 화폐 수단을 갖고 있어요. 각 화폐는 이름도 다르고 표시 방법도 다릅니다. 한국은 원(₩), 미국은 달러(US$), 영국은 파운드(£), 일본은 엔(¥), 중국은 위안(元)이에요. 유럽에서는 유럽 통화 동맹 가맹국이 '유로(€)'라는 돈을 공동으로 만들어 사용하고 있답니다.

유럽 통화 동맹 가맹국
독일, 프랑스, 이탈리아, 벨기에, 그리스, 에스파냐, 아일랜드, 룩셈부르크, 네덜란드, 오스트리아, 포르투갈, 핀란드의 총 12개국입니다.

"외국에서는 달러를 많이 사용하지 않나요?"

맞아요. 달러는 국제 간 결제나 금융 거래에서 기본이 되는 통화예요. 그런 의미에서 달러를 기축 통화라고 부른답니다. 기축 통화란 국제 간 금융 거래, 또는 무역 거래에서 결제 수단으로 이용되는 기본 통화를 말해요. 달러 외에 기축 통화로 사용되는 화폐로는 유럽 연합의 공동 화폐인 유로와 영국의 파운드 등이 있습니다.

환율은 두 나라 돈의 교환 비율이라고 했는데, 그 교환 비율을 나타내는 방법은 두 가지가 있습니다. 먼저 외국 화폐 한 단위를 얻기 위해서 필요한 자기 나라의 화폐가 얼마인지를 나타내는 방법입니다. 이를 자국 통화 표시법이라고 하지요. 또 다른 하나는, 반대로 자기 나라 화폐 한 단위에 대한 외국의 화폐 단위를 나타내는 방법입니다. 이는 외국 통화 표시법이라고 해요. 대체로 많이 쓰이는 것은 첫 번째 방법입니다.

　다음 표는 세계 주요 나라의 화폐와 환율이에요. 표를 보면서 각 나라의 화폐 명칭과 표시, 그리고 각 환율에 대해서 살펴봅시다.

세계 주요 나라의 돈과 환율

나라 이름	화폐 이름	표시	환율 (2010년 4월 10일 현재)
미국	달러(Dollar)	US$	1달러 = 1116원
일본	엔(Yen)	¥	100엔 = 1193원
영국	파운드(Pound)	£	1파운드 = 1713원
중국	위안(Yuan)	Yuan	1위안 = 164원
유럽 연합	유로(EURO)	€	1유로 = 1495원
호주	달러(Dollar)	AU$	1달러 = 1032원
캐나다	달러(Dollar)	CAN$	1달러 = 1084원

　이 표에서 보면 일본 엔화의 환율이 조금 다른 단위로 표시된 것을 알 수 있어요. 다른 화폐는 모두 1단위에 대한 원화의 교환 비율을 나타냈는데 일본 엔화는 1엔＝11.93원으로 표시하지 않고, 100

엔=1193원으로 표시하고 있어요. 원래 한국 돈과 일본 엔화의 환율 표시는 관행상 이렇게 표시한다고 하니 미리 알아 둘 필요가 있겠네요.

해외에서 똑똑하게 소비하기

해외에서 소비할 때에도 환율에 대한 예상이 중요합니다. 소비 시의 결제 방식은 일반적으로 현금 결제와 카드 결제로 나누어 생각할 수 있어요. 카드로 결제하면 3일 정도 지난 후에 대금이 확정돼 통장에서 돈이 빠져나갑니다. 이때 3일이라는 기간이 무척 중요해요. 3일간 환율이 오르고 내림에 따라 손해를 볼 수도 있고 이익을 볼 수도 있기 때문입니다. 예를 들어 100달러를 결제했는데 3일 사이 환율이 1000원에서 1100원으로 올랐다고 합시다. 그러면 원화 환산 대금이 결제 시점에서는 10만 원이지만 3일 후 승인 시점에서는 11만 원으로 오릅니다. 결국 결제일에 11만 원이 빠져나가는 것이지요.

따라서 환율 상승기에 해외에서 소비할 때는 카드를 사용하기보다 충분히 환전한 뒤 현금을 사용하는 것이 좋습니다. 대부분 출국 전에 미리 환전하는 것을 감안하면, 여행 전에 현금을 충분히 환전해두는 것이 필요하겠지요. 방금 전의 이야기와 같이, 여행하는 동안 환율이 계속 상승한다면, 출국 이틀 전에 환전할 때 적용받는

교과서에는

환율 상승기란 자국 통화의 가치가 외국 통화에 비해 떨어지는 시기임을 의미합니다. 그래서 이 말은 '자국 통화가 평가 절하되었다'는 뜻으로 이해할 수 있습니다.

환율과, 여행 말미 카드 사용 후 대금 확정 때 적용받는 환율에는 큰 격차가 생길 수 있기 때문이에요.

그럼 반대로 환율 하락기에는 어떨까요? 이 경우에는 환전을 위해 달러를 살 때보다 직접 사용할 때 더 낮은 환율이 적용됩니다. 예를 들어, 달러를 살 때는 달러당 1050원을 냈는데 달러를 쓸 때는 환율이 하락하여 달러당 950원의 가치만 인정받는 식입니다. 그렇기 때문에 가급적 늦게 환율을 적용받도록 신용 카드를 이용하는 것이 좋습니다. 물론 각종 수수료도 고려해야 하는 것은 기본이겠지요.

"그런데 신용 카드를 사용할 때에도 수수료가 붙으면 현금 결제가 더 나은 것 아니에요?"

물론 신용 카드를 사용할 때에도 일종의 수수료가 붙지만 환전 때보다는 수수료가 낮아요. 기준 환율이 1000원인 상황에서 직접 환전할 때 달러당 1050원이 적용되었다면, 카드를 사용할 때는 1030원으로 계산되는 식입니다. 그런데 이 경우 주거래 은행에서는 환전 시 수수료 감면을 받아 환전 수수료가 더 낮을 수도 있습니다. 때문에 자신에게 뭐가 더 유리한지 잘 따져 봐야 합니다.

지금까지 이야기한 것을 다시 정리해 볼까요?

"해외여행에서 똑똑하게 소비하려면 환율이 오를 때는 현금이, 환율이 내려갈 때는 신용 카드 사용이 유리해요."

맞아요 그리고 이것말고도 주의해야할 것이 또 있어요. 해외에서 카드를 사용할 때 외국인 점원이 현지 통화 기준으로 결제할지 원화 기준으로 결제할지 물어 보는 경우가 있는데, 이때는 반드시 현지 통화로 결제해야 합니다. 왜냐하면 사용자에게 영수증상 원화 기준 금액을 보여 주는 과정에서 환전 절차를 거치면서 추가로 수수료가 징수되기 때문이에요. 이 수수료 가운데 일부가 판매상에게 떨어지다 보니 점원들은 원화 기준 결제를 유도하고 있어요. 하지만 비용을 줄이려면 반드시 현지 통화를 기준으로 결제해야 합니다.

'달러(Dollar)'의 유래

각국의 화폐 단위를 표시할 때 보통은 영어 철자 중 첫 글자를 따서 약자를 만드는 경우가 많습니다. 예를 들어 한국 '원(Won)'화를 표시하는 '₩'는 'Won'의 알파벳 첫 글자 'W'에서 온 것이지요. 그리고 일본 '엔'화의 기호 '¥'는 알파벳 'Y'와 비슷해요. 역시 'Yen'에서 따 온 말이기 때문입니다.

그런데 왜 달러의 기호 '$'는 알파벳 'D'로 만들지 않았을까요? 달러 기호 $자는 초기 북아메리카 대륙을 발견한 '스페인(에스파냐)'의 머리글자 'S'에서 따 온 것이라고 합니다. 당시 미국에서는 일반적으로 스페인(에스파냐)의 은화가 사용되었는데, 이 은화에 기둥 모양이 새겨져 있었습니다. 그 기둥들은 스페인(에스파냐)의 지브롤터 해협에 서 있는 스페인(에스파냐)의 상징, 즉 헤라클레스의 두 기둥을 의미하는 것이었지요.

한편 '달러'란 말은 현재 체코 동남부 보헤미아 지방의 성 요아힘의 한 골짜기에서 유래되었다고 전해집니다. 1516년 이 골짜기에서 양질의 은광이 발견되면서 사람들이 몰려들어 산골 촌락을 이루자, 이 지역을 '골짜기(das Tal)'라고 불렀다고 해요. 1520년부터 이 지역에서 생산된 은으로 은화를 만들기 시작했는데, 이를 요아힘스탈러 그로센, 탈러 그로센, 요아힘스탈러, 슐리켄탈러 또는 간단히 탈러(Taler)라고 불렀습니다. 이 은화가 세계 각지로 퍼지면서 지금의 달러(Dollar)가 되었다고 하네요.

이 나라 날씨는 덥군. 여행하기도 지치네.

이 음료수는 얼마인가요? 1000원 드리면 될까요?

여기는 미국이라고. 달러를 내야지!

이렇게 각 나라마다 화폐가 다르기 때문에 기준이 되는 화폐가 필요해요.

거래를 위해 그 나라의 화폐로 바꾸는 것이 바로 환전이지요.

이 과정에서 1달러를 사기 위해 1000원을 내야 한다는 교환 비율이 바로 환율이에요!

미국산 소고기를 수입하려면 환율을 알아야 해요.

원화를 주고

달러를 구입!

그 달러를 지급하고

소고기를 수입!

환율이 1달러=1000원에서 1500원으로 상승하면 우리 돈의 가치가 떨어져서 더 많은 돈을 주고 1달러를 사 와야 해요. 환율은 한 나라 돈의 대외적인 가치를 표시한다고 볼 수 있지요.

환 율 의 결 정

환율은 우리 돈과 외국 돈의 교환 비율이면서
외국 돈의 가격을 말해요. 상품의 가격이 상품
의 수요와 공급에 의해 결정되는 것과 마찬가지
로, 외화의 가격인 환율도 외환 시장에서 외화
의 수요와 공급에 의해서 결정된답니다. 지금부
터 이를 자세히 살펴봅시다.

수능과 유명 대학교의 논술 연계

2011년도 수능(경제) 19번

외화의 수요와 공급

이제 두 번째 수업이 시작됐군요! 이제 다들 환율이 무엇인지 설명할 수 있게 되었나요? 그럼 이번 시간에는 환율이 어떻게 결정이 되는지에 대해 이야기해 볼게요. 보통 재화나 서비스의 가격은 어떤 법칙으로 설명된다고 했지요?

"수요와 공급의 법칙이요."

그래요. 시장에서는 수요와 공급이 만나는 지점에서 균형 가격과 균형 거래량이 결정됩니다. 모두들 잘 알고 있겠지만, 수요가 늘어나면 공급되는 상품의 양에 비해

수요
어떤 재화나 용역을 일정한 가격으로 사려고 하는 욕구를 뜻합니다. 이때 '재화'란 쌀, 자동차처럼 눈에 보이는 물건을 가리키며, '용역'은 눈에 보이지 않는 서비스를 가리키지요.

공급
판매자가 정해진 가격을 받고 어떤 상품을 제공하는 일을 뜻합니다. 따라서 돈을 받지 않고 무상으로 재화를 제공하는 것은 공급이라고 할 수 없지요.

교과서에는

시장에서 가격이 결정되는데, 이때 이 가격은 수요량과 공급량이 일치하는 지점에서 결정되며 이를 균형 가격, 이때 거래량을 균형 거래량이라고 합니다.

구매하고자 하는 사람이 더 많아지기 때문에 새로운 균형이 결정되지요. 상승한 가격의 수준에서도 여전히 수요를 가진 소비자가 상품을 구매하게 되는 것입니다. 그렇다면 공급이 늘어나면 가격은 어떻게 될까요?

"사고자 하는 사람에 비해서 물건의 공급이 많으니 가격이 내려가요."

맞아요. 수요와 공급에 의해 가격이 움직이며 자원을 배분하는 것이 바로 시장의 원리지요. 가격이 보이지 않는 손처럼 시장을 조절하는 기능을 한다는 사실은 경제 공부의 핵심이며 출발점이라고 할 수 있어요. 그럼 이제 다시 환율 이야기를 해 볼까요?

수요와 공급의 법칙과 마찬가지로 환율도 외화의 수요와 공급에 따라서 결정됩니다. 이때 환율은 외화의 가격으로서 기능해요. 우리 돈과 외국 돈의 교환 비율이면서 외국 돈의 가격이기 때문이지요. 따라서 상품의 가격이 생산물 시장에서 상품의 수요와 공급에 의해서 결정되는 것과 마찬가지로 외화에 대한 수요 곡선과 공급 곡선도 우리가 보통 알고 있는 수요 곡선이나 공급 곡선과 같은 모양을 하고 있습니다. 다음 그래프처럼 외화의 수요량과 공급량이 같을 때 외환 시장의 균형이 이루어지고, 이때 형성된 외화의 가격을 균형 환율이라고 합니다. 그림에서는 균형 환율이 수요 곡선과 공급 곡선이 만나는 점에서 결정되었네요.

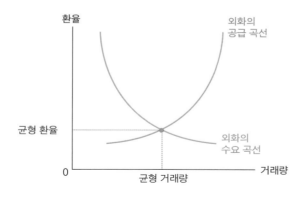

환율

외화의
공급 곡선

균형 환율

외화의
수요 곡선

0

균형 거래량

거래량

외화의 수요 곡선과 공급 곡선

"외화에 대한 수요는 어떤 경우에 발생하나요?"

우선 국내에서 외국의 물건을 구입하려는 경우 외화의 수요가 생겨날 거예요. 외국의 물건을 구입하려는 사람들을 수입업자라고 부르면 좋겠군요. 수입 물품의 비용을 한국 돈으로 지불해 봤자 외국 사람들에겐 한낱 종이쪽지에 불과하기 때문에 외화가 필요한 거예요. 그래서 외국 상품에 대한 수입이 늘어나면 외화의 수요가 늘어나고 환율이 상승하는 요인이 됩니다. 이렇게 물건뿐 아니라 외국의 주식이나 증권 등 자본 상품을 구입하려 할 때에도 외화에 대한 수요가 생겨납니다. 요즘은 디지털 금융 시대에 맞게 외국과의 자본 거래가 보다 빠르고 쉽게 이루어지고 있기 때문에 외화의 이동이 더욱 늘어나고 있어요. 이런 경우 국내에서 외국에 투자하는 부문이 많아질수록 외화의

교과서에는

시장이 다양화됨으로써 최근에는 생산자, 중개인, 소비자가 눈에 보이지 않는 디지털 통신망을 이용해 거래하고 있답니다.

수요도 늘어날 거예요. 또, 개인이 외화를 필요로 하는 가장 흔한 경우가 있는데 한번 맞춰 볼까요?

"해외로 여행 가기 전에 환전을 해요."

맞아요. 해외여행을 하려는 사람들 역시 외화를 필요로 합니다. 첫 번째 수업에서도 다루었던 내용이지요. 그럼 반대로 외화의 공급은 언제 생길까요?

"수입업자들이 외화에 대해 수요의 요인이 되었으니까, 수출업자들의 활동이 공급에 영향을 주지 않을까요?"

맞아요. 기업이 외국에 수출하는 경우 물건을 외국에 팔고 외화를 지급받게 됩니다. 이를 한국에서 사용하기 위해서는 국내에서 다시 원화로 환전해야 하지요. 바로 이 과정에서 외화가 국내로 공급되는 거예요. 또, 앞의 경우와 반대로 외국인들이 국내 자본 시장에 투자할 경우 외화가 유입되기 때문에 공급 요인이 됩니다. 이를 위해서는 국내 자본 시장에 대한 신뢰를 비롯해 다양한 요인이 반영됩니다. 외국인의 국내 투자의 움직임이 경제 전반에 끼치는 영향이 크다는 점도 기억해 둘 필요가 있답니다. 이외에도 외국인들이 국내로 여행 오는 것도 외화의 공급 요인입니다. 그럼 외국인들은 어떤 경우에 국내로 여행을 더 많이 오게 될까요?

"원·달러 환율이 상승하는 경우에 국내로의 여행이 많아질 거예요."

맞아요. 원·달러 환율이 상승했다는 것은 달러의 가치가 더 높아 졌다는 뜻이므로 이전보다 더 적은 양의 달러를 가지고도 같은 양의 소비를 할 수 있게 된 것입니다. 그래서 환율이 상승하면 국내에서 해외로의 여행은 줄어들지만 해외에서 국내로의 여행은 늘어나지 요. 지금까지 외화의 수요와 공급의 개념에 대해 알아보았으니 이제 균형 환율이 어떻게 결정되는지에 대해서 본격적으로 알아봅시다. 다음 표는 원·달러 환율을 기본으로 하고 있어요.

외화의 수요와 공급 표

원(₩)	외화 수요량($)	외화 공급량($)
200	18	2
600	14	6
1000	10	10
1400	6	14
1800	2	18

표에 나온 숫자를 그래프로 그리면 다음과 같은 모양의 수요 곡 선과 공급 곡선이 나오게 됩니다. 그리고 균형 환율은 수요 곡선과 공급 곡선이 만나는 점에서 결정된답니다.

이와 같은 원리에 의해서 주어진 수요 공급 표를 참고하면 균형

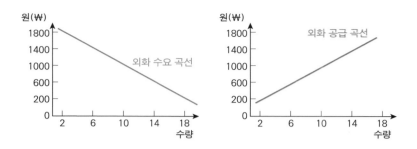

외화의 수요 곡선과 공급 곡선

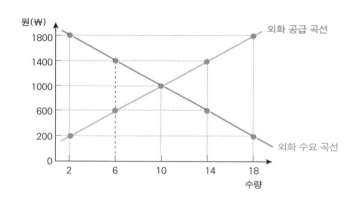

환율의 결정

환율을 알아볼 수 있을 거예요. 균형 환율은 얼마인가요?

"수요 곡선과 공급 곡선이 만나는 점에서 결정되니까 1000원이에요."

맞아요. 일반적인 수요 공급 법칙을 떠올리면 환율의 결정도 그리

어렵지 않답니다. 그런데 이러한 방식으로 환율이 결정되는 것이 환
율 제도의 전부는 아닙니다. 이러한 경우에는 환율이 가
격처럼 변동하기 때문에 변동 환율 제도라고 합니다. 대
부분의 선진 국가들이 이 제도를 채택하고 있기 때문에
먼저 공부한 것이랍니다. 그렇다면 또 다른 환율 제도에
대해서 좀 더 자세히 알아봅시다.

> **교과서에는**
>
> 우리나라는 1997년 12월에 극
> 심한 외환 위기 상황을 겪게 되
> 었지요. 그래서 이때부터 변동
> 환율 제도를 실시하고 있답니다.

환율 제도의 종류

환율은 어떠한 환율 제도를 채택하느냐에 따라 나라마다 그 결정 방
식이 다릅니다. 앞에서 우리는 변동 환율 제도하에서 결정되는 환율
의 결정 원리에 대해서 살펴봤는데요. 환율 제도를 크게
나누면 고정 환율 제도와 변동 환율 제도로 나눌 수 있
어요.

> **교과서에는**
>
> 한 나라의 정부가 수출과 수입은
> 물론 물가, 경제 성장, 실업 등
> 여러 변수를 고려하여 환율이 일
> 정하도록 결정하는 제도를 고정
> 환율 제도라고 합니다.

"고정 환율 제도는 뭐예요?"

'고정 환율'이라는 말 그대로 정부가 환율을 일정 수준으로 묶어
두는 것을 말해요. 변동 환율은 환율이 보통의 물건값과 같이 외환
의 수요와 공급에 의해 시장에서 자유롭게 결정되도록 하는 제도였
다면, 고정 환율 제도는 그 반대라고 할 수 있지요.

"한국은 고정 환율 제도를 쓰고 있나요, 변동 환율 제도를 쓰고 있나요?"

한국의 경우 미국 달러화에 대해 해방 이후 고정 환율 제도로 출발하여 경제 여건 변화에 따라 계속 변천해 오다가, IMF 구제 금융 사건을 계기로 1997년 12월부터 환율 변동 폭에 제한이 없는 자유 변동 환율 제도로 바뀌어 현재까지 이어지고 있습니다. 현재 한국을 비롯한 대부분의 선진국들이 모두 변동 환율 제도를 채택하고 있습니다.

"환율이 자주 바뀌는 것보다 고정 환율 제도가 더 안정적이고 편리할 것 같은데 왜 사용하지 않을까요?"

그것은 고정 환율 제도가 가지는 문제점 때문입니다. 물론 고정 환율 제도가 문제점만 가지고 있지는 않지요. 그럼 먼저 그 장점부터 살펴볼까요? 고정 환율 제도에서는 상당한 기간 동안 환율이 변하지 않기 때문에 사람들은 환율이 오를지 아니면 내릴지 고민할 필요가 없습니다. 또, 환율의 변동을 이용해서 시세 차익을 남기려는 소위 환투기 행위도 평소에는 나타나지 않습니다. 그리고 환율이 안정되어 있기 때문에 국가 사이의 무역도 활발해질 수 있습니다. 환율이 시간에 따라 변하면 무역을 하는 수

IMF 구제 금융 사건
대외적으로는 통상의 영업 활동에서 계속적으로 생기는 수입과 지출에서 적자가 확대되고 단기적으로 유동할 수 있는 외화가 부족해지는 등 여러 가지 이유로 대외 거래에 필요한 외화를 확보하지 못하여 국가 경제에 치명적인 타격을 입게 되는 현상을 말합니다. 다른 말로 '외환 위기'라고도 하지요.

환투기
시세 변동에 따른 차익을 얻을 목적으로 환(멀리 있는 채권자에게 현금 대신에 어음, 수표, 증서 따위를 보내어 결제하는 방식으로 우편환·은행환·전신환, 내국환·외국환 따위가 있음)을 사고파는 일을 말합니다.

입업자와 수출업자 간에 손해가 발생하는 일이 생기기 마련인데, 이 문제가 해소되기 때문에 보다 많은 거래가 이루어질 수 있는 것이지요. 바로 이런 것들이 고정 환율 제도가 가지고 있는 좋은 점입니다.

"그럼 고정 환율 제도의 문제점은 무엇인가요?"

여러분은 이미 환율이 상승할수록 수출이 증가한다는 것을 잘 알고 있지요? 환율은 각 나라 간의 무역에 큰 영향을 끼치기 때문에 매우 민감한 부분이랍니다. 그런데 고정 환율 제도에서는 어떤 나라가 수출을 더 많이 하기 위해서 일부러 환율을 높게 결정하거나 유지할 수 있게 됩니다. 이는 각 국가 간에 환율로 인한 분쟁을 초래할 만큼 중요한 문제예요.

"그럼 변동 환율 제도는 어떤 성격을 띠나요?"

변동 환율 제도를 채택하고 있는 국가는 **통화 정책**을 통해 환율 안정 외에 **물가** 안정이나 **고용** 안정의 목표를 추구할 수 있어요. 하지만 환율 변화에 대해서 신경을 써야 하고, 환율을 잘못 예상하면 거래 과정에서 손실이 발생할 수 있습니다.

그렇다면 이러한 환율 제도는 역사적으로 어떤 과정을 거쳐서 지금에 이르게 된 것인지 자세히 알아봅시다.

통화 정책
통화의 양을 늘리거나 줄이는 방식으로 국내의 경제 흐름을 통제하고 조절하려는 정책을 말합니다. 금리 정책, 공개 시장 조작, 지급 준비율 변경 정책 등이 이에 해당하지요.

물가
여러 가지 상품들의 가격을 한데 묶어 이들의 종합적인 움직임을 알 수 있도록 한 여러 가지 상품들의 평균적인 가격 수준을 뜻합니다. 간단하게 말하면 '물건의 값'을 가리키지요.

고용
인간의 노동력을 경제적 재화를 생산하거나 서비스를 생산하기 위해 투입하는 것을 한 사회, 또는 한 나라 전체적으로 가리키는 것입니다.

환율의 역사

● 환율의 탄생 – 금 본위제

금이 곧 화폐이던 시대가 있었어요. 물론 지금도 금은 훌륭한 결제 수단 중 하나이며 그 자체로도 가치를 지니고 있지요. 금 본위제란 화폐의 가치를 금의 가치로 나타내는 것을 말해요. 중앙은행이 화폐를 금화로 발행하여 실제로 시장에 유통시키는 것이지요. 하지만 운반도 불편하고 도난의 위험도 있어서 금화를 시장에 유통시키기엔 제약이 많았답니다. 그래서 영리한 사람들이 금화의 가치와 같은 가치의 보조 화폐를 발행하여 '화폐'로 통용시켰어요. 이때 은행권을 금으로 교환하는 것을 금 태환이라고 하고, 통용 화폐를 태환 화폐라고 했어요.

1819년에 산업 혁명의 시작 국가인 영국의 통화가 가장 먼저 금을 대신하기 시작했어요. 즉, 영국의 중앙은행이 금을 보유하고 있으면서 이를 파운드로 바꿔 주는 제도였어요. 당시 영국은 113그레인(약 7g)을 1파운드로 태환하여 주었습니다. 이것이 국제 거래에서 환율을 결정하게 된 시초라고 해도 좋을 거예요. 곧이어 다른 나라들도 우후죽순 금 본위제를 채택하게 되었답니다.

중앙은행
한 나라의 금융과 통화 정책의 주체가 되는 은행을 가리킵니다. 은행권을 발행하고, 은행의 은행으로서 기능하며, 정부의 은행으로서 국고의 출납을 다루고 금융 정책을 시행합니다.

태환
'태환'이란 지폐를 정화(명목 가치와 소재 가치가 같은 본위 화폐. 금 본위국에서는 금화, 은 본위국에서는 은화 따위를 이르며, 외국환 시세에 상관없이 국제적인 평가로 유통됨)와 바꾸는 것을 말합니다.

산업 혁명
18세기 후반부터 약 1세기 동안 유럽에서 일어난 생산 기술과 그에 따른 큰 변화를 가리킵니다. 기계의 등장으로 수공업적 소규모 생산이 대량생산의 공장제 기계 공업으로 전환된 것을 말합니다.

● 세계 대전의 발발

　그러다 세계 대전이 벌어지면서 각국 통화들은 금을 대리할 자격이 떨어지기 시작합니다. 전쟁 비용을 마련하느라 각국이 돈을 너무 많이 찍어 냈기 때문이에요. 즉, 중앙은행에서 돈을 내주지 못하는 상황이 발생하게 된 것이지요. 이렇게 되면 당연히 **인플레이션**이 나타나고 돈의 가치가 떨어질 수밖에 없지요.

　당시 거리에서는 돈을 쓰레기처럼 쓸어서 주워 담는 광경을 어렵지 않게 목격할 수 있었다고 해요. 전쟁 전후에 있었던 이야기 하나를 소개할게요. 독일에 한 형제가 있었는데 형은 열심히 일해서 돈을 모으고 동생은 일은 안 하고 매일 술만 마시며 지냈어요. 그런데 전쟁이 끝난 후 돈을 열심히 모은 형은 화폐 가치 하락으로 가난을 면치 못했고, 매일 술이나 먹던 동생은 빈 병을 팔아서 오히려 부자가 되었다는 웃지 못할 에피소드입니다.

인플레이션
화폐의 가치가 떨어져 물가 수준이 지속적으로 오르는 현상을 말합니다. 1000원으로 살 수 있었던 재화가 1만 원이 되고 10만 원이 되는 것을 뜻하지요.

평가 절하
한 나라의 돈의 가치가 대외적으로 떨어지는 것을 말합니다. 돈의 가치가 떨어지면, 외국 돈을 사는 데 더 많은 국내 돈이 필요해지기 때문에 환율은 올라가게 됩니다.

　이러한 상황에 참다못한 영국은 1914년에 금 본위제를 포기하겠다고 선언했어요. 실제로 1931년에는 "더 이상 파운드화를 가져와도 바꿔 줄 금이 없다"고 선언했고, 이때부터 파운드화의 **평가 절하**가 이루어지지요. 이에 따라 각국은 서로 머리를 맞대고 새로운 국제 통화 제도를 모색하기 시작합니다.

● 브레튼 우즈 체제

1944년 7월에 미국 뉴햄프셔 주 브레튼 우즈에 연합국 44개국이 모여 제2차 세계 대전 이후 새로운 세계 경제 질서를 결정하기로 합니다. 여기에서 국제 통화 기금(IMF)에 의해 앞으로 '금 1온스를 35달러로 고정시킨다'는 새로운 고정 환율이 정해집니다.

국제 통화 기금(IMF)
국제 통화와 금융 질서의 확립 및 국제 무역의 확대 등을 목적으로 하여 1947년 3월에 설립된 국제 금융 기구를 말합니다. 기구에 가입한 나라들이 공동으로 기금을 만들어 각국이 이용하도록 하고 있습니다.

즉, 미국의 달러를 국제 통화로 정하여 달러화의 가치가 일정한 금과의 교환 비율에 고정되고, 다른 나라의 화폐는 다시 달러화와 고정된 환율에 의해 연결됨으로써 간접적으로 금과의 평가가 가능하도록 한 것이지요. 파운드의 시대에서 달러의 시대로 새로운 장이 열리는 시점이었어요. 이때부터 미국 중심의 세계 경제가 막을 열었다고 해도 과언이 아닙니다.

● 닉슨 쇼크

미국 경제는 미국 달러와 함께 브레튼 우즈 체제로 세계 경제의 패권을 장악합니다. 이렇게 얼마 동안은 세계 경제가 안정을 누리는 듯 했어요. 하지만 닉슨 행정부는 베트남 전쟁과 구소련과의 우주 전쟁으로 대규모 적자를 발생시키게 됩니다. 당시 미국과 구 소련은 냉전 체제의 중심축이었는데, 미국은 무기 체계와 과학 기술 전반에 걸쳐 소련보다 앞서고 있다고 생각했습니다. 그런데 소련이 세계 최초의 인공위성 스푸트니크 1호 발사에 성공하자 미국은 큰 충격을 받았어요. 이를 '스푸트니크 충격'이라고 해요. 미국은 이 사건을 계기로 많은 우주 탐사 계획을 진행시켰고 우주 개발과 군비 확장, 교육 등의 분야에 큰 변화를 보였어요. 이 과정에서도 많은 재정이 지출되었지요.

이러한 재정 적자를 충당하기 위해 미국 정부는 화폐를 마구 찍어 내게 됩니다. 그런데 미국 달러는 국제적 통화였으므로 세계 경제에 큰 영향을 끼쳤어요. 미국의 달러가 시장에 넘쳐 나니 이에 수위를 맞추고자 다른 나라들 또한 자국 통화를 마구 찍어 내어 인플레이션이 심해지게 된 것입니다. 결국 참다못한 영국이 1971년 상반기에 30억 달러를 금으로 바꿔 달라고 미국 정부에 요구했지만, 같은 해 8월에 미국 닉슨 대통령이 "더 이상 내줄 금이 없다"고 선언하며 금 창구를 폐쇄하고 맙니다. 닉슨 대통령의 이 충격적인 '배 째라 선언'을 '닉슨 쇼크'라고 하지요. 이후로 금 본위제를 기초로 한 고정 환율 제도는 막을 내리고 맙니다.

● 킹스턴 체제

아노미
무법·무질서의 상태를 뜻하는 그리스어에서 유래된 말로, 행위를 규제하는 공통 가치나 도덕 기준이 없는 혼돈 상태를 가리킵니다. 프랑스의 사회학자 뒤르켐이 주장한 사회 병리학의 기본 개념 가운데 하나이지요.

이렇게 해서 전 세계는 한동안 아노미 상태에 빠졌어요. 그러다가 1976년 자메이카 킹스턴에서 국제 통화 기금(IMF)에 의해 현안 문제가 종지부를 찍게 되었어요. 이에 따라 종래의 IMF 체제는 새로운 전기를 맞게 됩니다. 가장 큰 특징은 각국이 자기 나라 환율을 외환 시장에서 자유롭게 결정하게 된 것이에요. 대부분의 나라들이 이때부터 변동 환율 체제를 채택하게 되었어요.

이전까지 각국의 환율은 금이나 달러에 고정되어 있었지만, 변동 환율 제도를 실시하게 되면서 각 나라의 환율이 환율 시장에서의 수요·공급에 의해 결정되기 시작합니다. 이때부터 본격적으로 전 세계 금융 시장이 불확실성의 시대로 진입했다고 해도 무방하겠지요.

● 환, 투기의 대상이 되다

최근에는 금융 시장의 불확실성을 파고든 은행이나 보험 회사 등 대부분의 기업이 국제 환시세를 이용하여 '투자를 가장한 투기'를 사업 영역으로 삼고 있어요. 각국의 통화가 투기의 대상이 되고 있는 것이지요. 국제 환시세를 이용한 투기성 통화 거래액은 계속 늘어서, 변동 환율제가 시행된 다음 해인 1973년에는 4조 달러였지만 1980년에는 40조 달러, 현재는 470조 달러까지 늘어났다고 해요.

원래 환 거래는 다른 통화 간의 대금 결제를 위한 것이었는데, 각국의 통화가 투기 대상이 되면서 환시세는 불안정해졌어요. 모든 국가와 투자가들이 시시각각 변하는 환 리스크에 노출되는 상황을 맞이하게 되었기 때문이에요. 이런 환 리스크를 해소하기 위한 선물환 옵션 등과 같은 다양한 파생 상품은 이런 이유로 탄생하게 된 것입니다.

● 핫 머니와 함께하는 통화 위기의 메커니즘

이러한 투기 시장의 떠돌이를 핫 머니라고 합니다. 이런 단기 부동 자금이 요리조리 이동하면서 국제 환시세가 불안정해짐에 따라 '통화 거품'이라고 하는 통화 위

환 리스크
외환 시세의 변동에 따라 발생하는 위험을 말합니다. 예를 들어, 유로화를 가지고 있는데 유로화의 가치가 예상치 못하게 급격하게 상승하면 원화 가치가 떨어지기 때문에 유로화 표시로 수입 계약을 맺은 업체는 원화로는 더 많은 금액을 지불해야 하기 때문에 크게 손해를 보게 되지요.

선물환
장래의 일정한 기일 또는 기간 내에 일정한 외환을 일정 환율로 넘겨 줄 것이 약정된 외환을 가리킵니다. 기간은 보통 6개월로 환시세 변동에 따른 위험을 피하기 위해서나 투기용으로 이용되지요.

기가 쉽게 발생하게 되었어요. 이러한 통화 위기의 발생은 헤지 펀드를 빼곤 말할 수 없지요. 헤지 펀드는 거액의 자금을 가진 기관 투자가로, 거액의 자금을 활용해 환시세를 조작할 수 있어요.

특정 통화를 사들여 시세를 올린 뒤, 다른 투자가가 사자는 분위기로 몰려 본래의 통화 가치를 크게 벗어나 통화 가치가 최고치에 오를 때 사들였던 통화를 한꺼번에 파는 것입니다. 싼 가격으로 산 통화를 최고치로 팔면 거액의 시세 차액을 손에 넣을 수 있어요. 물론 그 통화의 가격은 빠르게 하락하고 말 거예요. 이것은 한 국가의 경제 체제를 쥐락펴락할 수 있는 공포적인 존재라고 여겨도 좋습니다. 그리고 우리는 벌써 이러한 공포를 경험했지요. 바로 1997년 IMF 구제 금융 시기입니다.

● 토빈세 since 1978

이렇게 고삐 풀린 핫 머니는 1990년대 한 세대를 풍미했어요. 국제 통화 기금(IMF)에 따르면, 1975년부터 1997년까지 22년간 세계 각지에서 158건의 통화 위기가 발생했다고 합니다. 1997년의 아시아 금융 위기, 1998년의 러시아 채무불이행 사태, 브라질 위기(1999년), 남아프리카공화국 위기(2001년), 터키 위기(2001년), 아르헨티나 위기(2001년), 브라질 위기(2002년) 등을 예로 들 수 있어요.

이러한 금융 위기로 인해 1978년 노벨 경제학상 수상자인 제임스 토빈(James Tobin) 교수가 만든 '토빈세 이론'이 주목받고 있어요. 외환·채권·파생 상품·재정 거래를 통해 막대한 수익을 올리고 있는 국제 투기 자본(핫 머니) 때문에 각국의 통화가 급등락하여 통화 위기가 촉발되는 것을 막기 위한 규제 방안이에요. 이것은, 단기 부동 자금이 국경을 넘을 때마다 '세금'을 매김으로써 투자가들의 발목을 잡거나 그 목에 방울을 달아 통화 거품 현상을 막을 수도, 핫 머니의 유동 경로를 예측할 수도 있는 방안이랍니다.

환율이 필요 없는 유럽의 화폐, '유로화'

2002년 1월에 거래되기 시작하여 세계 제1의 기축 통화인 미국 달러화의 자리를 위협하고 있는 화폐가 있는데, 그건 바로 '유로화'입니다. 유로화는 EU(European Union: 유럽 연합)의 단일 화폐 명칭으로, 유럽 단일 통화를 말합니다. '€'라고 표현하며 유럽 경

유로화의 종류

제의 활성화를 위하여 만들어졌어요. 마르크나 프랑, 리라 등 기존 화폐를 대체해 유럽에서 공통으로 사용할 수 있는 화폐를 만든 것이지요.

유로화는 1999년에 처음으로 가상의 통화에서 시작하여, 2002년에는 12개국에서 처음 통용되기 시작했어요. 이때 유로화를 사용하기로 약속한 나라가 벨기에, 프랑스, 독일, 이탈리아, 룩셈부르크, 네덜란드, 아일랜드, 그리스, 포르투갈, 에스파냐, 핀란드, 오스트리아입니다. 2011년에는 17개국, 3억 3000만 명이 유로화를 사용하고 있지요. 통용되기 시작한 지 10년이 넘은 지금 유로화는 독일 프랑크푸르트에 본부를 둔 유럽중앙은행에서 관리하고 있습니다. 지폐와 동전으로 이루어져 있는 이 통화는, 신기하게도 한 면은 회원국 모두 동일하지만 다른 면은 나라에 따라 다르다고 합니다. 나라 간의 개성을 존중한 것이지요.

이렇게 유로화를 사용하게 됨으로써 유럽에서 각 나라를 오갈 때 돈을 환전할 필요가 없게 되었습니다. 프랑스에서 사용하던 유로화를 이탈리아에서 그대로 사용하면 되니까 종전처럼 환전을 하느라 시간과 수수료를 부담할 필요가 없어졌기 때문입니다. 결과적으로 유로화를 사용하는 나라끼리는 환율을 고민할 필요가 없게 된 것이지요.

고정 환율 제도에서는 정부가 환율을 일정 수준으로 묶어 둘 수 있어서 안정적이라는 장점이 있어요. 하지만 자국의 이익을 위해 사용되는 경우에는 환율로 인한 분쟁을 초래할 수 있지요.

이러한 이유로 최근에는 대부분의 선진국에서 변동 환율 제도를 채택하고 있어요.

정부

환율

환율

고정 환율 제도

변동 환율 제도

변동 환율 제도에서는 외화에 대한 수요가 늘어나면 환율이 상승하고 수요가 줄어들면 환율이 하락해요.

환율

환율

외화의 수요와 공급에 따라 환율이 결정되기 때문에 환율이 언제든 변동할 수 있지요. 그럼 환율 제도의 역사를 살펴볼까요?

파닥

수요 환율 공급

파닥

파닥

금의 양을 기준으로 화폐를 교환하는 금본위 제도가 시작이었지.

중앙 은행

중앙 은행

더 이상 내줄 금이 없는 관계로 중단!

최근에는 각 나라의 환율이 거래의 기준이 되었어요.

변동환율제도

변동환율제도

변동

미국

영국

환율은 왜 변동할까요

환율을 결정하는 외화의 수요와 공급은 한 나라 경제 상황과 관련된 다양한 요인에 의해 변동됩니다. 그럼 어떤 요인들이 환율의 변동에 작용하는지 알아봅시다.

수능과 유명 대학교의 논술 연계

2011년도 수능(경제) 17번

환율은 어디서 결정될까

지난 시간에는 환율의 결정에 대해 자세히 알아보았어요. 환율은 달러나 엔 같은 외국의 돈이 사고팔리는 외환 시장에서 결정됩니다. 외환 시장에는 은행, 기업, 중앙은행 등이 참가하며 이들은 각각 다양한 목적으로 외환 시장에 참여합니다. 외환 시장은 휴일을 제외하고 매일 열리는데, 일반적인 시장에서 수요와 공급에 의해 가격이 변동하듯이 달러를 사고파는 거래 과정에서 시시각각 환율이 변화합니다.

　"외환 시장은 뭐예요?"

　외환 시장은 은행 간 시장을 의미해요. 즉, 은행들이 달러를 사고파는 시장을 의미하며 환율은 여기서 결정됩니다. 은행은 주로 고객이 필요로 하는 외국 돈을 사거나 고객으로부터 사들인 외국 돈을 팔기 위하여, 또는 외국 돈의 매매를 통하여 이익을 얻기 위해 외환 시장에 참여합니다. 기업, 개인 등 고객은 수출입 거래, 해외여행 등을 위해 외환 시장에 참여하며, 중앙은행은 외환 시장의 안정 등 정책적인 목적을 달성하기 위해 외환 시장에 참여한답니다. 외환 시장은 시장 참가자가 누구냐에 따라 은행 간에 거래가 이루어지는 은행 간 시장과 개인, 기업 등 고객과 은행 사이에 거래가 이루어지는 대고객 시장으로 나누어집니다. 보통 외환 시장이라고 하면 은행 간 시장을 말해요.

외환 시장 즉 은행 간 시장의 거래는 증권 거래소와 같은 특정한 장소에서 이루어지기보다는 대부분 은행이나 외환 중개업자의 거래실(dealing room)에서 이루어집니다. 거래 참가자들은 각자의 거래실에서 전화나 컴퓨터로 사거나 팔려고 하는 외국 돈의 가격을 제시하여 제시 가격이 서로 일치하는 상대와 거래하게 되는데, 이렇게 거래가 이루어질 때마다 환율은 시시각각 변동하게 되지요. 오늘날 외환 거래가 가장 많이 이루어지는 곳은 뉴욕, 런던, 도쿄 등 3대 국제 외환 시장이에요.

"개인이나 기업이 외환 시장에 참여할 수 있어요?"

개인이나 기업은 외환 시장에 참여할 수 없어요. 단지 은행을 통해 환전할 수 있을 뿐이에요. 때문에 개인이나 기업이 아무리 많은 외환을 환전해도 이는 환율에 영향을 미치지 못하고, 은행 간 거래에서 결정되는 환율에 따라 달러를 사고팔 수만 있어요.

달러의 수요·공급에 따른 환율의 변동

환율은 여러 가지 요인에 의해 수시로 변동합니다. 환율은 왜 이렇게 변동하는 것일까요? 변동 환율제하에서 환율은 정치·사회적 요인, 외환 투기 등에 의해 움직이기도 하지만 기본적으로는 외환 시장에서 얼마만큼의 달러화를 수요하고 공급하느냐에 따라 변동합니다. 첫 번째 수업에서 설명했듯이 환율은 원화와 비교한 외국 통화의 가격이에요. 달러화 환율이 달러의 가격이라면, 달러 공급이 늘면 달러 가격이 떨어지고 반대로 공급이 줄면 오릅니다.

"시장 경제의 원리가 외환 시장에도 적용되는 거네요?"

그래요. 수요·공급의 원리가 외환 시장에도 그대로 적용되는 것은 앞에서도 이미 배운 내용이에요. 그런데 달러의 수요와 공급에 가장 큰 영향을 미치는 것은 경상 수지예요. 경상 수지가 흑자를 기록하여 외국으로부터

교과서에는

환율은 수출입 상태나 물가 등 여러 가지 원인에 따라 상승하기도 하고 하락하기도 합니다.

경상 수지

재화, 용역 및 이전 거래를 기록하는 계정을 경상 계정이라고 하고, 이 계정의 수입과 지급의 차액을 경상 수지라고 합니다. 국제 거래에서 이루어지는 통상의 영업 활동에서 계속적으로 생기는 수입과 지출의 차액을 이르지요.

흑자

수입이 지출보다 많아 이익이 생기는 일을 말합니다. 수입 초과액을 표시할 때 주로 검은색 잉크를 쓰는 데서 유래하지요. 반대말은 적자입니다.

적자
지출이 수입보다 많아서 생기는
손해 금액을 가리킵니다. 정부에
기록할 때 붉은색으로 적은 데서
유래하며 '결손'이라는 말과 바
꾸어 쓸 수 있습니다.

차관 이자
정부나 기업, 은행 따위가 외국
정부나 공적 기관으로부터 자금
을 빌려 쓴 대가로 치르는 일정
한 비율의 돈을 가리킵니다.

달러 공급이 늘어나면 달러 가격, 즉 달러화 환율은 떨어집니다. 반대로 경상 수지가 적자를 기록하면 달러 공급이 줄면서 달러화 환율이 오르겠지요.

"그럼 달러를 필요로 하는 경우로는 어떤 것들이 있나요?"

한국 외환 시장에서 달러화의 수요는 앞에서 배운 것처럼 해외에서 상품을 구입하고 대금을 지급하는 경우가 대표적이에요. 최근에는 자녀를 유학 보내고 등록금을 달러로 보내 주는 기러기 아빠가 많은데 이 경우에 모두 달러가 필요해요. 또, 인건비가 싼 해외 노동자들이 한국에 와서 일을 했다면 그 기술 용역의 대가로 달러가 지급되어야 하기 때문에 달러 수요가 발생합니다. 그 외에는 해외여행에 필요한 비용이나 차관 이자 등을 달러로 지급하는 경우 발생합니다.

"달러가 공급되는 경우는요?"

교과서에는
자동차와 조선같이 수출을 하거
나 수입 비중이 작은 기업은 환
율이 상승하면 큰 이익을 보게
됩니다.

달러화가 공급되는 경우는 상품을 수출하고 대금을 받거나 외국에 나가 일을 하고 그 대가를 받는 경우가 대표적입니다. 또 외국 관광객들이 한국에 와서 달러화를 사용할 때 또는 외국인이 국내 주식을 사기 위해 달

러화를 들여오는 때를 들 수 있지요. 이와 같은 외국과의 거래 결과 달러화의 공급이 수요보다 많으면 달러가 남게 되어 환율은 하락하며, 반대로 달러화의 공급이 수요보다 적다면 환율이 상승합니다. 예를 들어 외국인들이 한국 휴대 전화를 많이 수입한다면 한국에 달러화가 많이 공급되므로 환율이 하락하는 요인이 됩니다. 또 한국의 금리 수준이 외국보다 높으면 높은 이자 수익률을 얻기 위해 외국 투자가들이 한국에 달러를 들여올 것이므로 마찬가지로 달러화의 공급이 늘어나 환율이 떨어집니다. 반대로, 국제 석유 가격이 뛰면 석유 수입 대금 지급을 위해 필요로 하는 달러화를 시장에서 매입하여야 하므로 그 수요가 늘어나서 환율이 오르게 됩니다.

조금 더 심화된 사례를 들어 볼까요? 수출 기업들의 전망도 환율에 영향을 미칩니다.

"자세히 설명해 주세요!"

앞으로 환율이 지속적으로 하락할 것으로 예상되면 기업은 어떻게 해야 할까요? 외국으로부터 달러를 받는 대로 은행을 통해 시장에 내다 팔아야 해요. 만약 어떤 기업이 수출 대금으로 100만 달러를 받는다고 해 봅시다. 수출 거래 시점에 1000원이었던 달러화 환율이 점점 하락하여 수출 대금을 받게 될 즈음이면 500원으로 급락할 것으로 예상될 경우, 이 같은 상황에서 이 기업이 지금 100만 달러를 환전하면 10억 원(100만 달러×1000원)을 손에 쥘 수 있지요. 하지만 조금이라도 늦게 되면 5억 원(100만 달러×500원)밖에 건지지 못하게 될 거예요.

"그럼 환율이 계속 떨어지고 있거나 앞으로 떨어질 것으로 예상되면 기업은 달러를 받는 대로 바로 시장에 팔아야 되겠네요."

그렇지요. 그래야 기업에서는 손해를 막을 수 있어요. 그런데 이런 행위가 많아지면 시장에는 달러 매물이 계속 쏟아지고 결국 환율은 급격히 더 하락하게 됩니다. 게다가 이 같은 예상은 수출업자들만 하는 것이 아니에요. 외환을 거래하는 대다수 시장 참가자들이 비슷한 예상을 하면 달러 매물이 계속 나오면서 환율 하락은 심화되게 되지요. 이와 반대로 환율이 계속 오르는 중이거나 앞으로 오를 것으로 예상되면 기업들은 어떻게 할까요?

"수출을 하고 받은 달러를 가급적 오래 손에 쥐고 있으려고 할 거예요."

맞아요. 그렇게 해야 환율이 오른 후에 훨씬 많은 원화를 확보할 수 있기 때문이지요. 이러한 이유로 아무도 시장에 달러를 내놓으려 하지 않게 되고, 결국 달러 부족으로 환율 상승은 더 심해질 거예요.

"그럼 수입업자들의 전망도 환율에 영향을 미치나요?"

좋은 질문이에요. 한 기업이 6개월 후 원유를 도입할 계획이 있다고 합시다. 수입업자의 입장에서는 물건을 수입하고 달러로 대금을 지급해야 해요. 그래서 환율이 오르거나 오를 것으로 예상되면 미리 달러를 확보해 두는 것이 좋겠지요. 시간이 지날수록 같은 양의 달러를 사기 위해 더 많은 원화를 지불해야 하기 때문이에요. 모든 수입업자들이 이렇게 예상함으로써 시장에서는 지금 바로 달러를 구하려는 경쟁이 벌어지고, 이는 달러에 대한 수요를 키우면서 달러 가격 상승, 즉 환율 상승으로 이어집니다. 그럼 그 반대의 경우는 어떻게 될까요?

"환율이 내리거나 내릴 것으로 예상되면 수입 시점까지 기다렸다 달러를 확보하는 것이 나아요."

맞아요. 그렇게 되면 현 시점에서 달러 수요가 점점 줄어들어 달러 가격, 즉 달러당 환율이 떨어지게 되겠지요. 이처럼 똑같은 환율 조건에 대해 수출 기업과 수입 기업은 서로 반대로 행동합니다. 이 가운데 환율 상승이 예상돼 수입 기업이 환율이 오르기 전 달러를 확보하기 위해 달러 매수에 나서는 행위를 '리딩', 반대로 수출 기업이 환율이 충분히 오른 뒤 달러를 내놓기 위해 현재 달러를 내놓지 않는 행위를 '레깅'이라고 해

매수
물건을 사들이는 것을 말하며, 반대말로 '매도'가 있습니다.

요. 이 같은 행위는 달러 수요와 공급을 어떻게 변화시킬까요? 수입 기업의 매수로 인해 달러의 수요가 커지는 반면, 수출 기업의 레깅으로 인해 달러의 공급은 줄어들 거예요. 결국 달러의 가치, 즉 환율이 크게 상승하겠지요. 이를 모두 정리하면, 기업들은 수출입을 통해 환율에 영향을 미치고, 환율의 변화에 대한 예상은 기업으로 하여금 그에 맞는 경제적 행동으로 대처하게 함으로써 외환 시장에 대한 영향력이 크다고 볼 수 있답니다.

은행의 차입에 따른 환율의 변동

국내 은행과 **차입자**들의 행동도 환율에 영향을 미칩니다. 은행은 어떻게 수익을 낼까요?

　"누군가로부터 돈을 빌려 이를 다시 다른 사람에게 빌려 줌으로써 수익을 냅니다."

　그래요. 간단히 말하면 은행이 먼저 돈을 빌려 올 때 적용하는 **이자율**보다 빌려 줄 때의 이자율을 더 높게 해 차액을 챙기는 것입니다. 예금 형태로 돈을 빌려 대출 형태로 돈을 빌려 주는 식이지요. 이 같은 상황에서 은행이 많은 수익을 내려면 가급적 싸게 자금을 조달해야 해요. 이때 해외 차입이 중요한 통로가 됩니다.

　예를 들어 현재 달러당 환율이 1000원인데 1년 뒤 500원으로 떨어질 것이라고 해 봅시다. 이때 한 은행이 외국 은행에서 1년간 빌려 쓴다는 조건으로 1000만 달러를 조달해요. 이 은행은 외환은행에서 이를 환전해서 100억 원(1000만 달러×1000원)을 확보한 후 기업에 빌려 주지요. 그리고 1년 뒤 이 은행은 기업으로부터 100억 원의 대출 **상환**을 받아요. 이제 이를 다시 환전해 1000만 달러를 외국 은행에 갚으면 되지요. 그런데 이때 환율이 은행 예상대로 달러당 500원으로 떨어졌다고 해 봅시다. 이런 상

차입자
돈이나 물건을 꾸어 들여오는 것을 '차입'이라고 합니다. 따라서 '차입자'란 돈을 차입한 사람 즉 돈을 빌린 사람을 가리키지요.

이자율
원금에 대한 이자의 비율을 말합니다. 기간당 지급되는 이자를 원금에 대한 비율로 표시한 것이지요. 균형 이자율, 단기 이자율, 시장 이자율 등이 있습니다.

상환
빌린 돈이나 물건 따위를 갚거나 돌려주는 것을 말합니다.

황에서 1000만 달러를 마련하기 위해선 50억 원(500원×1000만 달러)만 쓰면 되지요. 기업으로부터 상환받은 100억 원 가운데 50억 원만 환전하면 외국은행에서 빌린 1000만 달러를 마련할 수 있는 거예요.

"그러면 외국 은행에 1000만 달러를 갚고도 50억 원이 남게 되네요?"

그래요. 여기에 외국에서 돈을 빌릴 때의 이자율과 기업에 빌려 줄 때의 이자율의 차이까지 더해지면 은행의 수익은 더욱 커지겠지요. 결국 이 은행은 외국 은행에서 돈을 빌려 1년간 다른 기업에 빌려 줬을 뿐인데도 앉아서 큰 이익을 남기게 되는 것입니다.

그 밖의 환율 변동 요인

지금까지 살펴본 것들 외에도 환율을 변동시키는 요인은 많습니다. 먼저 한 나라의 물가 수준이나 경제 성장률, 통화량이나 금리 등도 환율을 변동시키는 주요한 요인이 됩니다. 예를 들어 한국의 물가가 외국보다 많이 오르게 되면 어떻게 될까요?

"한국 수출 상품의 가격이 비싸질 거예요."

그렇게 되면 외국에서 그 상품의 가격이 올라가서 수출이 감소하게 됩니다. 이에 비해 수입 상품의 가격은 상대적으로 낮아지는 효과를 볼 수 있어요. 결국 수출과 수입에 영향을 끼치겠지요.

"그럼 수출은 감소하고 수입은 증가하겠군요."

맞아요. 이에 따라 한국이 수출로 벌어들이는 외국 돈의 양보다 수입을 위해 지출하는 외국 돈의 양이 많아져 외국 돈이 귀해지고 이로 인해 환율은 상승합니다. 또, 한국 물가가 외국 물가보다 더 많이 오를 것으로 예상될 경우가 있어요. 이것은 앞으로 한국 돈의 가치가 떨어질 것을 의미하므로 외환 시장에서 한국 돈에 대한 수요가 줄어들어요. 이럴 경우 환율은 어떻게 변화할까요?

"원화 가치가 하락하니까 환율 상승으로 연결될 수 있어요."

예를 들어 물가의 영향에 따른 환율 변동을 정리해 봅시다. 모든 물건 가격이 100만 원에서 200만 원으로 오른다고 가정하면 200만 원의 가치는 예전 100만 원의 가치와 같게 됩니다. 또, 100만 원의 가치는 예전 50만 원의 가치에 불과하게 되지요. 이렇게 되면 외국 화폐와 비교해도 원화의 가치가 떨어지는 것입니다. 예전에 1000원으로 1달러를 살 수 있었다면, 이제는 2000원을 줘야 1달러를 살 수 있기 때문이에요. 이것은 곧 1달러＝1000원에서 1달러＝2000원으

로 환율이 상승한 것을 말합니다. 이처럼 물가가 올라가면 환율도 오른다는 것을 알 수 있어요.

물가의 변동에는 **통화량**도 영향을 끼칩니다. 한국 경제 내부에서 통화량이 증가하면 원화의 가치가 하락하고 이는 물가 상승으로 이어지지요. 결국 물가 상승으로 인한 환율 상승을 가져올 수 있는 거예요.

> **통화량**
> 한 나라의 경제에서 일정한 시점에 통용되고 있는 화폐의 양을 말합니다.

국내의 금리 수준도 환율의 변동 요인이 됩니다. 만약 한국의 금리 수준이 외국보다 높으면 높은 이자 수입을 얻기 위해 외국 투자자들이 한국의 은행에 예금하려고 몰려올 것입니다. 이럴 경우 외환의 공급이 증가하게 되겠지요. 그럼 환율은 어떻게 변할까요?

"외환의 공급이 늘어나 환율이 하락하게 되겠지요."

맞아요. 국제 외환 시장에서는 나라 간의 금리 차이나 환율 변동을 예상한 투기 거래가 이루어져 환율의 움직임을 불안정하게 하는 원인이 되기도 합니다. 이는 변동 환율 제도에 대해서 이야기할 때에도 다루었던 내용이지요. 이 밖에도 환율은 정치적·사회적 요인에 의해서도 영향을 받습니다. 예를 들어, 정치가 안정된 나라의 돈은 상대적으로 가치가 올라가는 반면, 정치가 불안정한 나라의 돈은 가치가 떨어지는 경향이 있습니다. 뿐만 아니라, 국가 간 분쟁 등으로 국제 정세가 불안할 때에는 안전성이 높은 미국 달러화의 가치가 상승하는 경향이 있습니다.

그럼 지금까지 배운 환율을 변동시키는 여러 요인들에 대해서 정리해 볼까요? 먼저 환율을 하락시키는 요인들을 생각나는 대로 한 번 이야기해 봅시다. 어떤 것이 있을까요?

"경상 수지 흑자, 기업들의 환율 하락 예상, 해외 차입 증가, 외국인 투자 증대, 금리 상승 등이 있어요."

잘했어요. 거기에 물가 하락과 재정 흑자 등의 요인을 또 추가시킬 수 있을 거예요. 그럼 반대로 환율을 상승시키는 것들은 무엇이 있을까요?

"경상 수지 적자, 기업들의 환율 상승 예상, 외국인 투자 감소, 금리 하락, 물가 상승, 재정 적자 등이 있어요."

이처럼 환율을 변동시키는 요인은 환율에 반드시 한 방향으로만 작용하는 것은 아니고 같은 요인이라 하더라도 서로 다른 방향으로 작용하기도 한답니다.

환율 우대란 무엇인가요

　민서는 이번 여름 방학에 미국에 있는 이모 댁에 다녀오기로 했습니다. 몇 년 전부터 계획한 일이라 차근차근 준비해 온 여행이지요. 그런데 최근 들어 환율이 크게 오르면서 민서의 부모님은 고민에 빠졌습니다. 몇 년 전에 생각했던 것보다 환율이 올라 여행 비용이 더 많이 들게 되었기 때문이지요. 그렇다고 여행 간다고 잔뜩 들떠 있는 민서에게 가지 말라고 할 수는 없고……. 그래서 생각한 것이 바로 '환율 우대'를 알아보자는 것이었습니다. 요즘 같은 환율 고공 상승 시대에 가장 필요한 것이 환율 우대이니까요.

　환율 우대는 말 그대로 자기 나라 돈과 다른 나라 돈의 교환 비율을 따질 때 특별히 잘 대우해 주는 것을 말합니다. 은행마다 '환율 우대 ○○% 쿠폰', '기존 고객 환율 우대' 등 여러 가지 방법으로 환전을 하려는 고객들을 끌어모으고 있는데요. 정확히 어떻게 적용되며, 환율 우대를 받으면 얼마나 이익을 볼 수 있는지 한번 살펴볼까요?

　우선 네이버 사이트(2012. 1. 2.)의 환율을 보면, 미국 달러 1달러에 대한 현재가(매매 기준율)는 한국 돈 1156.20원입니다. 그런데 한국 돈을 미국 돈으로 바꾸기

출처 : 네이버 2012. 1. 2.

위해서는 현재가 아닌 현찰을 살 때의 환율을 적용해야 합니다. 따라서 미국 달러 1000달러를 구하기 위해서는 한국 돈 1176.43원이 필요하지요. 그리고 미국 달러 1000달러에 대한 현재가 적용가는 한국 돈으로 1156.20원이 됩니다.

여기서 현재가와 현찰을 살 때의 환율 차이가 20.23원인 것을 알 수 있지요? 이 차액이 바로 은행들이 흔히 말하는 수수료라고 할 수 있습니다. 그러므로 환전 수수료 우대 50%라는 말은 20.23원의 50% 즉, 10.115원을 차감해 준다는 것이에요. 정리하면 다음과 같습니다.

> 환전 수수료 = 현찰 살 때 환율 − 현재가

그러므로 환전할 때 가장 좋은 방법은, 환율이 내려갔을 때 주로 거래하는 은행에서 최대한 환율 우대를 받는 것이랍니다. 그래야 환전 수수료를 적게 낼 수 있으니까요.

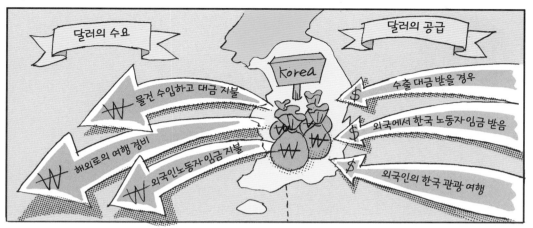

달러의 수요

달러의 공급

Korea

물건 수입하고 대금 지불

해외로의 여행 경비

외국인노동자임금지불

수출 대금 받을 경우

외국에서 한국 노동자 임금 받음

외국인의 한국 관광 여행

물가가 오르면 수출이 줄고, 외화의 공급도 줄어들어 환율이 상승해요.

환율

물가

한국의 통화량이 증가하면 원화의 가치가 하락하기 때문에 더 많은 원화를 주고 달러를 사 와야 해요. 이 경우에도 환율은 상승!

환율

투자

외국 투자자

금리 수준이 외국보다 높으면 높은 이자 수입을 얻기 위해 외국 투자자들이 몰려올 거예요. 그럼 외화의 공급이 늘고 환율은 하락해요.

높은 금리

환율

국회의사당

쿵

쾅!

시끌

시끌

정치 상황이 불안정한 걸 보니 화폐 가치가 언제 하락할지 모르겠군.

미국의 달러는 안정성이 높으니까 가지고 있는 것이 좋겠어!

환율 변동이 경제에
미 치 는 영 향

환율의 변동은 경상 수지와 물가 수준 등을 변화시켜 나라 경제 전체에 영향을 미칩니다. 이번 시간에는 환율 상승과 환율 하락의 의미에 대해 더 자세히 알아보고 환율 변동이 우리 경제에 어떤 영향을 끼치는지에 대해 학습해 보도록 해요.

수능과 유명 대학교의 논술 연계

2012년도 수능(경제) 7번

환율 상승, 환율 하락

환율의 변동은 국내 수출입 기업이 외국과 거래할 때 큰 영향을 미칩니다. 뿐만 아니라, 외국에 유학생 자녀를 두고 있는 가계나 외환과 관련된 금융 상품을 보유한 사람들도 환율의 변화에 큰 관심을 보입니다. 그래서 환율이 어떻게 변하느냐에 따라서 경제 활동에 참여한 주체들이 크게 반응을 보일 수밖에 없지요.

"흔히 말하는 환율이 올랐다, 환율이 내렸다는 말은 어떤 의미인가요?"

세계 화폐의 기준인 미국 달러 1달러를 구입하기 위해 필요한 원화를 '원-달러' 환율이라고 하는데, 1달러를 구입하기 위해 필요한

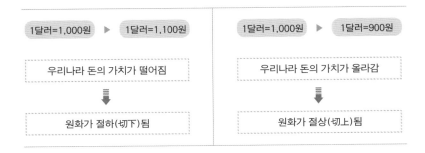

1달러=1,000원 ▶ 1달러=1,100원	1달러=1,000원 ▶ 1달러=900원
우리나라 돈의 가치가 떨어짐	우리나라 돈의 가치가 올라감
⬇	⬇
원화가 절하(切下)됨	원화가 절상(切上)됨

원화 금액이 오르면 환율이 올랐다고 하며, 반대로 1달러를 구입하기 위해 필요한 원화 금액이 내리면 환율이 내렸다고 합니다. 즉, 1달러를 사기 위해 필요한 돈이 '1000원'이었다가 '1100원'으로 변동되었다면 환율이 '올랐다'고 하는 것이지요. 여기까지는 이미 배운 내용이지만 좀 더 구체적으로 살펴볼 필요가 있으니 지금부터 잘 들어보세요.

1달러＝1000원에서 1달러＝1100원이 되면 '환율이 올랐다'고 말한다고 했지요? 환율이 올랐다는 건 한국 돈의 가치가 떨어진 것을 의미합니다. 미국에서 1달러짜리 물건을 수입해 올 때 환율이 오르기 전에는 한국 돈으로 1000원을 주면 살 수 있었는데, 환율이 오른 후에는 1100원을 주어야 살 수 있다는 것이지요. 그만큼 한국 돈의 가치가 떨어졌다는 것을 의미하는데, 이를 '원화가 절하(切下)되었다'고 말해요. 다른 말로 '평가 절하(平價切下)'되었다고 표현하기도 하지요.

반대로 1달러＝1000원에서 1달러＝900원이 되면 '환율이 내렸

다'고 말합니다. 환율이 내렸다는 건 한국 돈의 가치가 올라간 것을
의미합니다. 미국에서 1달러짜리 물건을 수입해 올 때 환율이 내리
기 전에는 한국 돈으로 1000원을 주어야 살 수 있었는데, 환율이 내
린 후에는 900원만 주어도 살 수 있습니다. 그만큼 한국 돈의 가치가
올라간 것으로 볼 수 있지요. 이를 '원화가 절상(切上)되었다'고 말합
니다. 다른 말로 '평가 절상(平價切上)'되었다고 표현하기도 하지요.

"그런데 환율은 왜 올랐다 내렸다 하는 건가요?"

그건 상품의 가격이 결정되는 것과 마찬가지예요. 앞에서는 수요와 공급의 움직임을 단순한 그래프로 표현하여 이야기했는데, 이를 다시 원화의 가치와 관련지어 설명해 볼게요. 예를 들어, 외국 사람들이 한국에 여행 와서 돈을 많이 쓰거나 우리 기업들이 외국에 수출을 많이 하면 달러를 많이 벌어들이게 되고, 그러면 한국 돈으로 바꾸려는 달러가 더 많아져서 한국 돈의 가치가 올라가는 것입니다. 따라서 달러에 대한 환율은 떨어지게 됩니다. 반대로 수입을 많이 하거나 한국 사람들이 외국에 나가서 달러를 많이 쓰게 되면 그만큼 달러가 많이 필요해져서 아까와는 반대로 한국 돈의 가치가 떨어지게 됩니다. 따라서 달러에 대한 환율은 올라가게 되는 것이지요.

환율에 따른 외화의 수요와 공급

"선생님! 그럼 환율이 올라가면 외화의 수요는 어떻게 되나요?"

환율이 올라갈수록 외국 돈에 대한 수요는 감소합니다. 그리고 수입 상품의 가격이 비싸져서 수입 상품이 잘 팔리지 않게 되지요. 그 결과 수입하는 상품의 수량이 줄어들고 수입하기 위해서 필요한 달러의 수요도 줄어듭니다. 이처럼 환율이 상승하면 외국으로부터 수입이 줄어들기 때문에 외화의 수요가 줄어드는 것입니다. 또, 환율 상승으로 인해 여행 비용이 증가하여 사람들이 해외여행을 줄이게 됩니다. 환율이 1달러에 1000원일 때는 외국 여행에 필요한 1000달러를 사는 데 100만 원이면 충분하지만, 환율이 1500원이 되면 150만 원이 필요합니다. 따라서 환율이 상승하면 수입과 해외여행이 줄어들기 때문에 외화의 수요가 줄어들고, 반대로 환율이 하락하면 수입과 해외여행이 늘어나 외화의 수요가 늘어납니다. 따라서 외화의 수요는 환율과 반비례한다고 볼 수 있어요. 이와 관련해서 아래 이야기를 읽고 다시 이야기해 봅시다.

철수는 외국 여행을 떠나 보는 것이 소원이었습니다. 그렇지만 대학교에 입학하기 전에는 학업 등의 여러 가지 여건상 여행을 떠나기가 쉽지 않았어요. 철수는 대학교에 08학번으로 입학했고, 드디어 대학생의 자유를 누리기 시작했어요. 여름보다 겨울에 여행하고 싶었던 철수는 겨울에 외국으로 가기 위해 열심히 저축하고 여행에 관한 정보도 많이 모았습니다. 그런데 막상 떠날 때가 되어 환율을 확인하고는 까무러칠 듯 놀랐습니다. 그도 그럴 것이, 철수가 여행을 떠나려고 했던 2008년 겨울에 환율이 무시무시하게 상승했기 때문입니다. 그럼 그 당시 환율의 변화 상황을 한번 볼까요? 다음 그림은 2007년 1월부터 월별로 표시한 달러 환율 그래프입니다. 2008년 봄만 해도 1달러에 1000원도 안 되던 환율이 1300원 이상으로 올라 버렸어요. 1000원에서 1300원이

원·달러 환율 그래프

된 것은 환율이 무려 30%나 상승했다는 이야기로, 100만 원의 예산이 130만 원으로 늘어나게 된 것을 의미합니다. 결국 철수는 눈물을 머금고 여행을 포기할 수밖에 없었답니다.

그런가 하면 미국에 사는 찰리브라운은 웃음을 참을 수 없을 정도로 기뻤어요. 평소 한국 문화에 관심을 갖고 있었던 찰리브라운은 2008년 겨울에 한국으로 여행을 떠날 계획을 갖고 있었어요. 그러던 중에 원·달러 환율이 상승하자 찰리브라운을 비롯한 미국인의 입장에서는 달러의 가치가 높아졌기 때문에 한국으로 여행을 오기에 아주 유리한 상황이 된 것입니다. 작년만 해도 1000달러를 들고 가면 겨우 100만 원을 가져올 수 있었는데, 이제는 1000달러를 들고 가면 130만 원이나 가져올 수 있었기 때문이에요. 같은 환율의 상황에서도 찰리브라운은 철수와 달리 기쁜 마음으로 부담 없이 한국으로 여행할 수 있게 되었어요.

앞의 이야기를 통해서 환율의 변동이 개인의 생활에 어떤 영향을 끼치는지 잘 알 수 있어요. 2008년 당시에 전 세계적으로 경제 상황이 혼란스러워지면서, 특히 한국의 경제 상황이 많이 나빠지게 되었어요. 2007년에 930원 정도에서 유지되던 환율이 2008년 여름 즈음부터 갑자기 1000원을 돌파하더니 겨울에는 1300원을 넘어 버렸고, 급기야 2009년 초에는 1400원을 돌파하기에 이른 것이지요.

"이렇게 환율이 높아지면 무슨 문제가 생기는 거예요?"

앞에서 배운 것처럼 환율이 높다는 것은 미국의 1달러를 사는 데 더 많은 돈이 든다는 것입니다. 쉽게 설명해서, 환율이 낮을 때는 1달러를 사는 데 900원만 들이면 되지만, 환율이 높아지면 1달러를 사는 데 1300원이나 들여야 된다는 것입니다. 이것은 결국 한국 돈의 가치가 떨어졌다는 것을 의미합니다.

이렇게 환율이 변하게 되면 국외 관광객의 수도 크게 변하게 됩니다. 환율이 오르면 앞의 사례처럼 국외 여행을 포기할 수밖에 없는 한국인이 많아지기 때문입니다. 환율이 낮으면 더 싼값에 여행을 다녀올 수 있는데, 굳이 비쌀 때 여행을 다녀올 필요는 없겠지요? 다음 그래프는 이것을 실제로 확인해 본, 2008년 1월부터 2009년 9월까지 월별 환율과 국외 관광객 수의 그래프입니다.

그렇다면 환율의 변화가 우리 경제에 어떤 변화를 불러올지 생각해 봅시다. 사실 환율의 상승이 위에서 살펴본 사례와 같이 나쁜 영

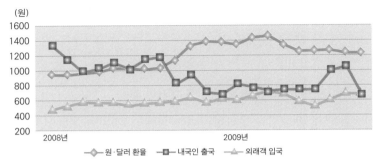

(원)

출처 : 환율은 통계청, 관광객 수는 한국관광공사

월별 환율과 국외 관광객 수

향만을 미치는 것은 절대 아닙니다. 예를 들어 한국에서 1000원짜리 물건 A를 외국에다 팔고, 1달러짜리 물건 B를 외국에서 사 온다고 생각해 봅시다. 그리고 환율이 1달러에 1000원에서 1300원으로 상승했다고 해 봅시다. 그러면 이 1000원짜리 물건 A는 1달러에서 약 0.77달러로 값이 내려갑니다. 환율이 높아지면 우리 돈의 가치가 떨어지기 때문에 외국에서의 수출품 가격은 낮아지는 거예요. 그러면 외국 소비자의 입장에서는 같은 물건을 더 싸게 살 수 있어 물건 A를 더 많이 사려고 할 것입니다. 결국 수출은 증가하게 되는 것이지요. 반면에 외국에서 수입해 오는 물건 B의 경우 환율의 상승으로 인해 1000원에 살 수 있던 것을 1300원에 사야 해 한국에서는 예전처럼 많이 사려고 하지 않을 것입니다. 결국 수입이 줄어들게 되지요. 수출업자에게 유리한 상황이 되는 것이에요. 하지만 이것도 단순하게 생각할 문제는 아니에요.

외국에서 재료를 수입해서 가공한 후에 다시 수출을 하는 한국의 기업으로서는 적절한 환율을 유지하는 것이 중요합니다. 환율이 너무 높으면 수출은 잘 되겠지만 원자재를 수입하기가 어려워지기 때문이지요. 반면에 환율이 너무 낮으면 원자재 수입에는 유리하겠지만 완성된 수출품의 가격이 높아서 수출하기 힘들어질 거예요. 그래서 어떤 경우가 무조건 더 좋다고 여기기보다 각 경제 분야를 다각도로 살펴보고 적절히 대응할 필요가 있어요.

경제 성장과 수출 기업의 일자리 측면에서 본다면 환율이 적절하게 상승할 경우에 한국의 경제 상황이 더 좋아지기도 합니다. 환율이 상승하여 수출이 증가하면 물건의 생산이 늘어나 경제 성장을 촉진하고 일자리를 많이 만들 수 있게 돼요. 반면 환율이 하락하여 수출이 적어지면 생산도 줄어들고 경제 성장도 함께 둔해질 것입니다.

또 물가의 측면에서 본다면, 환율이 상승하는 경우 수입품이 많이 들어오지 않아서 국내의 물가가 상승하게 됩니다. 실제로 몇 년 새 물가가 많이 상승한 이유로는 국민 총생산이 늘어난 탓도 있겠지만 지난 환율 상승의 여파로 어쩔 수 없이 물건들의 가격이 오른 것도 있을 것입니다.

"환율이 상승하면 외화의 공급은 어떻게 되나요?"

환율이 상승하면 외환 시장에서 외국 돈의 공급이 늘어납니다. 국내 기업은 국제 시장에서 받는 상품의 가격을 낮추어도 이익을 볼 수 있기 때문에 수출 상품의 가격을 낮출 수 있어요. 따라서 환율이 상승하면 수출이 늘어나고 이를 통해서 받은 외화가 국내로 들어와서 외환 시장에서 공급량이 늘어나게 됩니다. 한편, 환율이 올라가면 한국 여행 비용이 줄어들기 때문에 외국 관광객 수가 늘어납니다. 따라서 환율의 상승은 외환 시장에서 외화의 공급이 늘어나게끔 하는 것입니다.

환율 변동과 국제 수지

환율 변화는 국제 수지에 큰 영향을 미칩니다. 국제 수지란 일정한 기간 동안에 한 나라와 다른 나라 사이에 일어난 모든 거래의 결과를 의미하는데, 이 과정에서 환율은 중요한 지표가 됩니다. 정부는 국제 수지의 분석을 통해서 경제를 예측하고 여러 가지 정책을 세웁니다. 한 가정의 가계부를 떠올리면 이해하기 쉬울 거예요. 지출과 수입의 항목이 각 가정의 기준에 따라 나누어져 있듯이, 한 국가의 경제도 마찬가지입니다. 국제 수지는 크게 경상 수지와 자본 수지로 나누어 볼 수 있는데 그중에서도 경상 수지가 국제 수지의 큰 비중을 차지합니다. 경상 수지는 상품의 수출입을 통한 무역 거래를 측정하는 상품 수지와 서비스 수지, 소득 수지, 경상 이전 수지 등으로 구성됩니다. 그중에서 우리에게 익숙한 서비스 수지에 대해서 알아봅시다.

서비스 수지는 상품 수출입이 아닌 서비스 수출입을 나타냅니다. 우리가 잘 알고 있는 해외여행 및 유학과 관련된 항목이 대표적입니다. 또 의료 서비스와 통신 서비스, 보험 서비스가 있고 특허권 사용료, 법률 서비스 등이 있지요. 그리고 여객 및 재화의 수송에 해당하는 운송 서비스도 서비스 수지의 항목에 포함됩니다. 서비스 수지는 경상 수지에 중요한 영향을 끼치는 부분이에요.

그중에서 관광 이야기를 해 보도록 하지요. 앞에서도 이야기했지만, 환율이 하락하면 해외여행 부담이 크게 낮아지는 효과가 있습니다. 달러당 환율이 1000원에서 500원으로 내려가면 여행 경비로 1000달러를 쓰려는 해외여행자는 100만 원이 아닌 50만 원만 준비하면 되기 때문에 반값으로 여행할 수 있게 됩니다. 만약 100만 원을 모두 쓴다면, 예전에는 1000달러를 환전할 수 있었지만 환율의 하락으로 2000달러를 마련할 수 있게 됩니다.

"결국 환율이 하락하면 해외여행이 늘고 해외에서의 소비가 커지게 되겠네요?"

그렇지요. 반면, 한국으로 여행 오는 외국인들은 환율이 1000원일 때는 1000달러만 갖고 와도 100만 원을 받을 수 있었지만, 환율이 500원으로 떨어지면 100만 원을 마련하기 위해 2000달러를 갖고 와야 합니다. 그만큼 한국 여행 부담이 커집니다.

"그럼 외국인들은 한국 여행을 기피하게 되고, 한국을 찾았다 하더라도 소비를 줄이겠네요?"

그래요. 이러한 상황은 관광 외에 의료, 교육, 법률 등 다른 서비스 수지에도 그대로 적용됩니다. 환율이 하락하면 내국인의 해외 의료, 교육, 법률 소비가 증가하는 반면, 외국인의 국내 의료, 교육, 법률 소비는 감소합니다. 결국 환율 하락은 해외 소비를 늘리는 반면 외국인의 국내 소비는 줄임으로써 서비스 수지 적자 폭을 키우게 됩니다. 반대의 경우는 어떻게 될까요?

"환율이 크게 오를 때는 외국인의 국내 여행이 늘고 내국인의 해외여행은 줄게 될 것 같아요."

그래요. 2009년 원화 대비 엔화 환율이 크게 오르면서 일본인들이 명동을 점령하다시피 한 일이 있었는데, 이때도 환율의 영향이 절대적이었어요. 2008년에 100엔당 1000원에 못 미쳤던 원화 대비 엔화 환율은 2009년에는 1500원을 넘어설 정도로 급등했어요. 이에 따라 일본인들은 예전보다 싼값으로 한국 여행을 할 수 있게 되었지요. 2008년에는 100만 원짜리 한국 패키지 여행을 하기 위해 10만 엔이 필요했지만, 2009년에는 6만 7000엔만 준비하면 돼서 일본인의 한국 방문이 크게 늘었지요.

"그렇다면 한국인의 일본 여행은 줄었겠네요?"

그래요. 10만 엔짜리 일본 패키지 여행을 위해 2008년에는 100만
원만 준비하면 되었지만 2009년에는 150만 원을 준비해야 했기 때
문이지요. 이에 따라 한국인의 일본 여행이 크게 줄었고, 결국 큰 폭
의 대일 여행 수지 흑자를 기록할 수 있었어요.

서비스 수지와 함께 경상 수지에서 큰 비중을 차지하는 부분이
상품 수지입니다. 앞에서도 배운 상품의 수출입이 이에 해당하는데,
환율이 상승하면 국제 수지가 개선되는 이유도 이와 관련해서 생각
해 볼 수 있어요. 예를 들어 볼게요. 강호 아버지 회사에서 만드는
'예쁘미'라는 장난감은 한국에서 1000원에 팔리고 있습니다. 환율이
1달러＝1000원이므로 미국에서는 10달러(＝1만 원)에 10개를 살 수
있지요. 그런데 환율이 1달러＝1100원으로 올라가면 어떻게 될까
요? 한국 돈으로는 '예쁘미'가 여전히 1000원이므로 미국 돈 10달러
(＝1만 1000원)로 이제 11개를 살 수 있습니다. 미국 돈으로 값이 싸
졌으니 미국에서 더 많이 팔릴 것입니다. 즉, 환율이 올라가면 수출
이 늘어납니다.

미국에서 만든 1달러짜리 '코주부' 장난감을 한국에서 수입한다
면 환율이 오르기 전에는 한국 돈으로 1000원입니다. 그러나 환율
이 오르면 미국에서는 여전히 1달러이지만 한국 돈으로는 1100원
이 됩니다. 값이 비싸졌으므로 한국에서 덜 팔릴 것입니다. 즉, 환율
이 상승하면 수입이 줄어들게 되지요. 환율이 하락하는 경우에는 이

	1달러=1,000원 ⫸ 1달러=1,100원	
예쁘미 수출	1,000원 10,000원=10달러 미국 : 10달러로 10개 구입	1,000원 11,000원=10달러 미국 : 10달러로 11개 구입	수출 증가
코주부 수입	1달러 10달러=10,000원 우리나라 : 10달러로 10개 구입	1달러 10달러=11,000원 우리나라 : 10개에 11,000원	수입 감소

와 반대라고 생각하면 될 거예요.

이미 앞에서도 많이 다룬 내용이니까 쉽게 이해할 수 있을 것이라 믿고 다음 내용으로 넘어가 볼게요.

환율 변동이 경제 전반에 끼치는 영향

환율이 상승하면 원자재, 부품 등을 수입하는 데 더 많은 원화가 듭니다. 모두 잘 알고 있지요?

"네! 1달러에 1000원을 주고 수입했던 물건을 1100원 주고 수입해야 하잖아요."

환율이 상승하면 수입에 더 많은 원화를 지급해야 하기 때문에 국내 물가 수준을 높이게 됩니다. 반대로 환율이 내려가면 수입품의 가격이 싸져서 국내 물가를 낮추는 요인이 된답니다. 그러나 환율 변동에 따라 국내 물가가 상승 또는 하락하는 정도는 해외로부터 얼마만큼의 물품을 수입하느냐에 따라 다릅니다. 한국과 같이 수입 의존도가 높은 나라의 경우에는 환율 변동이 국내 물가에 미치는 영향이 그만큼 크다고 할 수 있어요. 또한 환율이 상승하여 수출이 증가하면 생산이 증가하여 경제 성장을 촉진하고 고용을 증대시킵니다. 반대로 환율이 하락하면 수출이 감소하고 이에 따라 생산이 줄어들어 경제 성장이 둔화되고 고용 사정이 어렵게 되지요. 환율의 변동에 따라 경제 상황이 움직일 수 있다는 것입니다.

그런데 환율은 경기 변동에 영향을 받기도 한다는 사실을 알고 있나요?

"경기가 좋아지면 환율이 어떻게 변하나요?"

국내 경기가 좋아지면 기업의 투자 의욕이 높아지며 이로써 자금의 수요가 늘어나게 됩니다. 결국 국내 화폐의 가격 기능을 하는 금리가 함께 오르게 되어, 외국인 투자가에게는 금리가 높은 한국의 금융 상품에 매력을 느끼는 요인으로 작용해요. 그래서 이를 사 두려는 외국인 투자가들이 늘어나지요. 외국인 투자가들이 금융 상품을 사는 과정에서 달러를 팔고 원화를 사야 하는데, 이러한 움직임이 활발해지면 원화의 가치가 높아질 거예요. 또, 경기가 계속 상승하면 기업이 공급하는 생산품이 많아지고, 이렇게 대량생산된 상품은 수출을 통해서 판매하게 됩니다.

"수출을 하면 국내에 달러가 공급되겠네요."

맞아요. 그리고 국내 수출업자들은 그 달러를 원화로 바꿔야 해요. 이 과정에서 원화의 가치는 더욱 올라가겠지요. 한국의 경기가 좋아지면 외국 기업들이 한국으로 진출해서 공장을 세우는 일도 발생하고 달러의 공급은 계속될 거예요. 이렇게 원화의 가치가 오른다는 것은 환율이 하락한다는 의미입니다.

환율 변동과 외채 상환 부담

개인이 돈을 은행에서 빌리는 것처럼 한 국가도 자금을 해외에서 빌리는 경우가 있습니다. 이러한 경우 빌린 자금을 다시 상환해야 하는데 환율이 상승하면 어떻게 될까요?

"처음에 빌릴 때보다 갚을 때 더 많은 달러를 지불해야 하기 때문에 부담이 늘어나지 않을까요?"

맞아요. 한국 사람이 해외로부터 외국 돈을 빌린 경우 환율이 상승하면 더 많은 원화를 주고 외국 돈을 사서 갚아야 하므로 그만큼 외국에 진 빚을 갚는 부담이 늘어나게 됩니다. 반면에 환율이 하락하면 그만큼 적은 원화로 외국 돈을 사서 갚을 수 있게 되므로 외국에 진 빚을 갚는 부담이 줄어듭니다. 다음의 표를 보면 좀 더 이해하기 쉬울 거예요.

환율 변동과 외채 상환 부담(100만 달러를 1달러=1200원의 환율로 빌린 경우)

상환 시의 환율(원·달러)	상환 시의 부담액	비 고
1150원	11억 5000만 원	5000만 원 부담 감소
1200원	12억 원	부담액 증감 없음
1250원	12억 5000만 원	5000만 원 부담 증가

"선생님! 그럼 한국 사람이 해외에 외국 돈을 빌려 준 경우엔 어떻게 될까요?"

환율이 하락하면 외국 돈의 원화 금액이 그만큼 감소하여 손해를 볼 것이고, 환율이 상승하면 외국 돈의 원화 금액이 그만큼 증가하여 이익을 보겠지요.

"그럼 환율이 낮은 게 좋은 건가요, 높은 게 좋은 건가요?"

환율이 낮은 것이 좋은지 높은 것이 좋은지 한마디로 이야기하기는 어렵습니다. 왜냐하면, 앞에서 살펴보았듯이 두 경우 모두 긍정적·부정적 영향을 줄 수 있기 때문이지요. 다만 환율이 급등락할 경우 경제에 대한 불확실성이 높아져 국제 교역 및 투자가 위축되고 물가가 상승함으로써 경제 불안을 야기할 수 있습니다. 따라서 환율은 기초적인 경제 여건을 반영하는 가운데 안정적인 움직임을 보이는 것이 바람직하다고 하겠습니다.

이렇듯 환율은 알게 모르게 우리의 생활에 큰 영향을 미치고 있습니다. 자칫 어려워 보이고 나와 관련도 없어 보이는 개념이지만, 많은 물건을 수입해서 쓰는 한국에서는 환율을 생각하지 않고는 살아가기 힘듭니다. 컴퓨터 부품을 살 때에도 환율이 필요하고, 휴대전화의 핵심 부품도 외국에서 들여와야 하므로 환율이 필요합니다. 환율이 변한다는 것은 지구의 거대한 시장이 돌아가고 있다는 것을 의미합니다. 우리는 한국의 소비자이기도 하지만 지구상의 소비자이기도 하다는 이야기입니다. 이렇게 환율이 변동하는 것을 고려한다면 더 현명한 소비 활동을 할 수 있을 것입니다.

환율 상승의 효과

2008년에 요미우리에서 활동했던 이승엽(32)이 환율 폭등 덕택에 앉아서 돈방석에 오른 사연을 소개할게요. 당시 외환 시장이 요동을 치면서 환율이 폭등을 거듭하여 달러화 환율과 함께 엔화 가치도 덩달아 폭등세에 있었어요. 대다수 국민들은 근심에 빠져 있었지만, 외국에서 돈을 버는 사람들은 달랐지요. 외화의 국내 송금과 함께 환율 소득이 엄청났기 때문이에요. 단적인 인물이 바로 요미우리 이승엽이었어요. 그럼 이승엽 선수의 이야기를 통해 환율 상승의 효과를 알아봅시다.

이승엽은 6억 엔의 연봉을 받고 있다. 일본에서 최고액의 연봉을 받는 선수이다. 이승엽의 연봉에 환율을 적용하면 이승엽의 소득은 순식간에 불어난다. 지난해 100엔당 최저 환율은 7월 초 746원이었다. 6억 엔을 적용하면 (A)원으로 나온다. 그러나 올 들어 환율 폭등과 함께 100엔당 환율이 이미 1300원대를 넘어 1400원까지 넘보고 있다. 만일 1300원으로 집계한다면 이승엽의 연봉은 (B)원으로 불어난다. 1400원을 적용하면 (C)원이다. 1년 만에 연봉이 무려 70~80% 이상 상승한 셈이다.

물론 이승엽이 엔화를 쥐고 있지 않고 국내 송금이 이루어져야 버는 금액이다. 더욱이 1년 연봉을 단순 계산한 금액이다. 이미 9월까지 연봉을 받았기 때문에 어느 정도 효과가 있을지는 파악하기 힘들다. 하지만 최근 환율 상승 덕택에 적지 않은 차익을 얻었을 것으로 짐작된다.

—2008년 10월 9일 www.osen.co.kr

• 앞의 ( ) 안에 들어갈 이승엽의 연봉을 원화 가치로 계산해 보면?

환율	연봉 계산(6억 엔)
100엔 : 746원	A : 44억 7600만 원
100엔 : 1300원	B : 78억 원
100엔 : 1400원	C : 84억 원

환율의 결정에 관한 이론

거대한 다국적 기업인 맥도널드의 대표적 상품
빅맥은 경제학적으로 꽤 중요한 시사점을 던져
줍니다. 이번 시간에는 구매력 평가설에 근거
한 빅맥 지수에 대해 학습해 볼까요?

구매력 평가설

드디어 마지막 수업입니다. 지난 시간에는 환율 변동이 경제에 미치는 영향에 대해 알아봤어요. 오늘은 환율 결정의 이론인 구매력 평가설과 이자율 평가설에 대해 알아보도록 해요. 이번 시간에 학습할 내용이 다소 어렵게 느껴질 수 있겠지만, 빅맥 지수같이 우리에게 친근한 개념도 있답니다. 그럼 지금부터 함께 차근차근 알아보도록 해요.

"지금까지 배운 것들은 환율의 이론은 아닌 건가요?"

네. 지금까지는 환율과 관련된 전반적인 개념들에 대해서 자세히 살펴본 거예요. 외환의 수요와 공급에 영향을 주는 여러 요인 중 어느 것에 중점을 두느냐에 따라 환율 결정에 관한 여러 이론이 존재합니다. 그중에서도 구매력 평가설은 국가 간에 발생하는 재화와 서비스의 거래인 **경상 거래**가 환율 결정에 주요한 역할을 한다고 보는 이론이랍니다.

구매력 평가설에 의하면 환율은 두 나라 화폐의 구매력 차이를 반영해 결정되기 때문에 똑같은 상품이면 어느 나라에서든 똑같은 가격 수준에서 결정된다고 보는 이론입니다. 내가 『화폐 및 외환론(Money and Foreign Exchange)』에서 처음으로 주장했답니다.

"그런데 똑같은 상품이라도 나라마다 다른 가격 수준에서 판매가 되지 않을까요?"

맞아요. 하지만 여러 나라에서 서로 다른 가격에 거래된다면 가격이 낮은 나라에서 구입하여 가격이 높은 나라에서 판매하는 차익 거래가 발생하게 될 거예요. 바로 이 차익 거래를 통해 가격이 낮았던 나라에서 가격이 오르고 가격이 높았던 나라에서 가격이 내려가, 결국 동일한 상품은 어디에서나 가격이 같게 된다는 일물일가의 법칙이 성립하도록 환율이 결정된다고 보는 것이 구매력 평가설의 포인트라고 할 수 있어요.

하지만 국가 간의 상품 이동에는 운임과 같은 거래 비용과 시간도 상당 부분 소요되기 때문에 현실에서는 일물일가의 법칙이 항상 성립하지는 않으므로, 구매력 평가설은 환율의 장기 추세를 설명하는 데에는 적합하지만 단기적 변동을 설명하는 데에는 한계가 있어요. 구매력 평가설에서 이용되는 대표적인 예로는 빅맥 지수와 스타벅스 지수가 있답니다.

빅맥 지수

"선생님! 그럼 빅맥 지수부터 설명해 주세요!"

좋아요. 국가 간에는 적정 환율이라는 것이 있어요. 적정 환율과 실제 환율이 다른 것은 현실에서 실시간으로 움직이는 환율이 국가 간 경제 상황을 제대로 반영하지 못하기 때문이에요. 그래서 적정 환율과 실제 환율의 관계를 알아보기 위해 고안해 낸 지수가 빅맥 지수인데, 구매력 평가 환율이라고 부르기도 합니다.

> **교과서에는**
> 세계 120여 개국에서 판매하는 빅맥의 가격을 우리 돈으로 환산하면 어느 나라의 빅맥이 가장 싼지 알 수 있습니다.

"선생님! 빅맥은 맥도널드 햄버거 이름 아닌가요?

맞아요. 빅맥 지수는 거의 모든 나라에 존재하는 맥도널드의 햄버거인 빅맥 가격을 달러로 환산한 후 비교한 지수를 말해요. 이 역시 구매력에 근거한 환율 결정 방법이라고 볼 수 있어요. 구매력 평가

맥도널드 버거

설에 의하면 환율은 두 화폐 사이의 구매력 차이를 반영하는 수준에서 결정된다고 앞서 배웠지요? 이 이론과 관련해 영국의 『이코노미스트』지는 1986년 이래 재미있는 실험을 해 오고 있답니다. 세계적인 체인망을 구축하고 있어서 표준화된 상품을 거의 같은 가격으로 세계에 공급하고 있는 맥도널드의 햄버거가 각 나라 현지에서 실제로 얼마에 팔리는지 조사하여 실제 환율이 구매력 평가 환율과 얼마나 차이가 나는가를 평가해 온 것입니다. 쉽게 정리하면, '미국의 빅맥 가격으로 다른 나라의 빅맥 가격을 나눠서 나오는 값이 그 나라의 적정한 환율'이 된다는 것이에요.

"구체적인 예를 들어 설명해 주세요."

조사를 했던 2010년 3월의 빅맥 가격은 한국에서는 3400원이고 미국에서는 3.58달러였어요. 그리고 외환 시장에서 결정된 시장 환율(2010. 3. 16. 기준)은 1달러＝1133원이었지요. 그렇다면 이 시장 환율로 한국의 빅맥 가격을 변환하면 몇 달러가 될까요?

"3400원을 1133원으로 나누면 되니까 약 3달러가 나와요!"

만약 한국과 미국의 빅맥 품질이 같다고 한다면 한국 사람들은 미국 사람들에 비해 빅맥을 더 싸게 사고 있는 걸까요, 더 비싸게 사고 있는 걸까요?

"미국 사람들은 3.58달러에 빅맥을 사고 한국 사람들은 약 3달러에 사니까 한국 사람들이 더 싸게 사고 있어요."

그렇죠? 이는 달리 말하면 시장 환율이 한국의 원화를 저평가하고 있다는 것을 의미합니다. 빅맥의 구매력을 기준으로 본다면 원·달러 환율은 양국의 가격을 동일하게 만드는 달러당 950원(=3400원/3.58달러)으로 결정되어야 합니다. 구매력으로 보면 1달러에 950원이어야 하는데 외환 시장에서 1달러에 1133원이므로 원화는 미국 달러화에 비해 저평가되어 있는 것입니다. 저평가된 정도는 백분율로 약 16.2%[{(1133-950)/1133}×100]로 계산됩니다.

> **저평가**
> 개인이나 법인이 소유하고 있는 경제적 가치가 있는 유형·무형의 재산의 시장 가격이 실질 가치보다 낮은 수준에서 형성되어 있다고 믿어지는 것을 말합니다.

이처럼 빅맥 지수는 각국의 빅맥 가격을 미국에서의 가격과 같게 만들어 주는 환율을 의미하는데, 실제 환율이 이보다 낮으면 해당 국가의 통화가 고평가되어 있음을, 반대로 높으면 저평가되어 있음을 나타냅니다.

그렇다면 다음에 제시된 표에서 빅맥이 가장 비싸게 팔리고 있는 곳은 어디일까요?

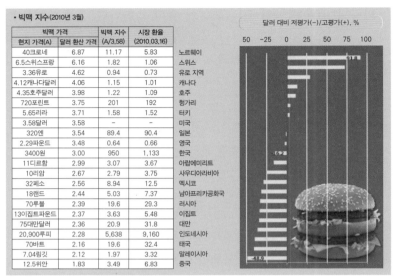

빅맥 가격		빅맥 지수	시장 환율	
현지 가격(A)	달러 환산 가격	(A/3.58)	(2010.03.16)	
40크로네	6.87	11.17	5.83	노르웨이
6.5스위스프랑	6.16	1.82	1.06	스위스
3.36유로	4.62	0.94	0.73	유로 지역
4.12캐나다달러	4.06	1.15	1.01	캐나다
4.35호주달러	3.98	1.22	1.09	호주
720포린트	3.75	201	192	헝가리
5.65리라	3.71	1.58	1.52	터키
3.58달러	3.58	–	–	미국
320엔	3.54	89.4	90.4	일본
2.29파운드	3.48	0.64	0.66	영국
3400원	3.00	950	1,133	한국
11디르함	2.99	3.07	3.67	아랍에미리트
10리얄	2.67	2.79	3.75	사우디아라비아
32페소	2.56	8.94	12.5	멕시코
18랜드	2.44	5.03	7.37	남아프리카공화국
70루블	2.39	19.6	29.3	러시아
13이집트파운드	2.37	3.63	5.48	이집트
75대만달러	2.36	20.9	31.8	대만
20,900루피	2.28	5,638	9,160	인도네시아
70바트	2.16	19.6	32.4	태국
7.04링깃	2.12	1.97	3.32	말레이시아
12.5위안	1.83	3.49	6.83	중국

(출처 : The Economist Online, 2010. 3. 17)

각국의 빅맥 지수

"노르웨이에서 6.87달러로 가장 비싸게 팔리고 있어요!"

그럼 가장 싸게 팔리는 곳은 어디일까요?

"중국에서 1.83달러로 가장 싸게 팔리고 있어요."

빅맥 지수를 계산하여 시장 환율과 비교하면 노르웨이의 크로네 화가 가장 고평가(91.8%)되어 있고, 중국의 위안화가 가장 저평가 (48.9%)되어 있다는 것을 알 수 있답니다.

스타벅스 지수

"그런데 요즘은 패스트푸드가 성인병의 주요인이라는 분석이 나오면서 햄버거의 판매량이 떨어지고 있지 않나요?"

맞아요. 그런 이유로 인해 요즘은 빅맥 지수 말고 스타벅스 지수가 각광을 받고 있답니다.

"스타벅스는 전 세계적으로 유명한 커피 체인점 아닌가요? 한국에도 엄청 많이 있어요!"

그래요. 스타벅스의 메뉴 중 일반적으로 가장 많이 팔리는 카페라테(tall 사이즈) 가격을 실제 환율과 적정 환율의 관계를 알아보기 위해 활용하고 있는데, 카페라테 지수라고도 해요. 과거에는 빅맥 지수가 대표 지수로 사용되었으나, 햄버거 판매가 위축되고 나라마다 가격 할인 상품들이 나오면서 최근엔 스타벅스 지수가 인정받고 있어요.

"구체적인 예를 들어 설명해 주세요."

미국에서 3달러인 카페라테가 한국에서 3600원에 판매된다면 이론상 균형 환율은 어떻게 될까요?

스타벅스 카페라테

"1달러는 1200원이 될 거예요."

만약 실제 환율이 '1달러＝1000원'이라면 한국에서는 카페라테가 미국보다 비싸게 판매되고 있다는 의미로 해석할 수 있어요. 한국에서도 3000원으로 사 먹을 수 있어야 하니까요. 이 이론에 의하면 현재 환율이 1달러당 1000원이므로 200원 정도 원화 가치가 고평가되어 있다는 계산이 나와요. 즉, 환율이 더 올라갈(원화 가치 하락) 수 있다는 의미로 해석할 수 있답니다.

이자율 평가설

이번에는 이자율 평가설에 대해 알아볼까요?

"네! 선생님."

국가 간의 경상 거래뿐만 아니라 자본 거래 역시 환율에 큰 영향을 미치게 되는데요. 외국의 부동산이나 주식 같은 자산을 구입하면 외화에 대한 수요가 늘어나게 된다고 설명한 적이 있는데, 기억하나요?

"네. 외국의 자산은 원화로 구입할 수 없어서 외화가 필요해요."

요즘의 자본 거래는 그 절대적인 규모나 성장률에서 경상 거래를 압도하고 있는데, 단기적 환율 변동은 주로 이와 같은 자본 거래에 의해서 결정된다고 보는 것이 일반적인 견해랍니다. 특히 이자율의 변화에 의해 환율 변동을 설명하는 이론을 이자율 평가설이라 하는데요. 이자율 평가설에 의하면 나라 간의 이자율 차이가 자본 거래를 통해 외환의 수요와 공급에 영향을 미친다고 보고 있어요. 즉, 국내 이자율이 다른 나라의 이자율보다 높으면 자국 금융 자산의 투자수익률이 외국 금융 자산의 투자 수익률보다 높아 자국 금융 자산에 대한 투자를 위해 외화의 공급이 증가하게 되고 환율은 내려가게 된답니다. 그럼 반대로 국내 이자율이 다른 나라의 이자율보다 낮은 경우에는 어떨까요?

> **수익률**
> 일정 기간 동안 특정 자산을 가지고 있음으로써 얻게 된 수익이 투자한 금액에서 차지하는 비율을 말합니다.

"국내 이자율이 떨어지면 국내의 금융 상품의 매력도 떨어질 거예요. 그럼 해외 투자가 증가하고 이 과정에서 외환에 대한 수요가 증가하여 환율이 상승할 것 같은데요."

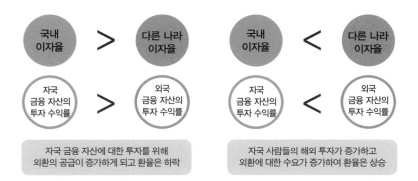

네, 맞아요. 그러나 환율의 변화는 해외 투자의 수익률 자체에 영향을 미치므로 이자율 변화와 환율 변화의 두 가지 효과를 고려해 봐야 할 것입니다.

환율 변동에 따른 개인과 기업의 손익

환율은 여러 가지 요인에 의하여 시시각각 변동함으로써 외화 자산이나 부채를 보유하고 있는 개인이나 기업, 금융 기관 등의 손익에 영향을 미치게 됩니다. 환율 변동을 정확히 예측하기 어려운 만큼 환율 변동으로 인한 손실을 어떻게 피할 수 있는지 연구하는 것이 현명한 태도이겠지요. 그렇다면 환율 변동으로 인한 손실을 어떻게 방지할 수 있을까요? 지금부터 환율 변동으로 인한 손실을 방지하는 방법에 대해 학습하면서 환율 수업을 마무리해 보기로 해요.

환율은 여러 가지 요인에 의하여 시시각각 변동함으로써 외화 자산이나 **부채**를 보유하고 있는 개인이나 기업, 금융 기관 등의 손익에 영향을 미치게 됩니다.

부채
다른 사람에게 지고 있는 금전상의 의무를 가리킵니다. 자산과 반대의 성질을 가지고 있다고 할 수 있지요.

예를 들어, 환율이 1달러＝1200원일 때 한국 수출업자가 미국에 100만 달러어치의 자동차를 수출하고 그 대금을 한 달 뒤에 받기로 계약을 맺었다고 합시다. 한 달 뒤에도 환율이 1달러＝1200원이면 계약 시점과 같은 금액인 12억 원(100만 달러×1200원＝12억 원)을 받게 되지만, 한

달 뒤에 환율이 하락하여 1달러＝1150원이 되면 11억 5000만 원을 받게 되어 5000만 원{(1200-1150)원×100만 달러}의 손실을 보게 될 것입니다. 이때의 손실을 환차손이라고 하지요. 이와 반대로 환율이 상승하여 1달러＝1250원이 되면 12억 5000만 원을 받을 수 있어 5000만 원{(1250-1200)원×100만 달러}의 이익을 보게 될 것입니다. 이를 환차익이라고 합니다.

"환차익은 환율 변동에 따라 본 이익이고, 환차손은 환율 변동에 따라 본 손해를 말하는 거 맞지요?"

잘 정리했어요. 그럼 환율이 하락하면 수출업자가 울상이 되고 환율이 상승하면 기뻐하는 이유에 대해서도 잘 이해하고 있겠군요. 이와 같이 환율의 상승 및 하락은 개인이나 기업 등의 손익에 영향을 미치게 되는데 특히 최근에는 외환 자유화의 진전으로 민간의 외화 보유 및 거래가 늘어나고 있어 환율 변동으로 인해 손실을 입을 가능성도 그만큼 커지고 있다고 할 수 있어요.

"환율 변동을 정확히 예측할 수는 없나요?"

물론 환율 변동을 정확히 예측할 수 있다면 손실을 입지 않고 이익을 볼 수도 있어요. 그러나 환율을 정확히 예측하는 것은 전문가들에게도 매우 어려운 것이 현실이에요. 따라서 이에 대해 전문 지식이 없는 개인이나 기업 등은 환율 예측을 잘하여 이익을 보려고 하기보다 환율 변동으로 인한 손실을 어떻게 피할 수 있는가를 연구하는 것이 보다 현명한 태도라 할 수 있어요.

환 위험을 피하기 위한 선물환 거래

"그렇다면 환율 변동으로 인한 손실을 피하기 위해선 어떤 방법을 써야 하나요?"

환율 변동으로 인한 손실 즉 환 위험을 피하기 위하여 선물환 거래, 통화 선물, 통화 옵션 거래 및 환 변동 보험 등을 이용할 수 있어요. 모두 어려운 말이지요? 이 중에서 한국에서 가장 널리 쓰이고 있는 방법이 선물환 거래예요.

"선물환 거래가 뭐예요?"

잠시 수출 기업 사장의 입장이 돼 봅시다. 미국에 100만 달러어치 제품을 수출하기로 했는데 대금은 6개월 뒤에 들어온다고 합시다. 현재 환율을 1000원으로 계산하면 10억 원의 매출을 올릴 수 있습니다. 그런데 환율이 어떻게 움직일지 종잡을 수가 없습니다. 만일 환율이 1500원으로 오르면 매출이 15억 원으로 오르니 다행이겠지만, 반대로 환율이 500원으로 떨어지면 매출이 5억 원으로 반 토막이 납니다. 내년 경영 계획을 짜거나 은행에서 돈을 빌리려면 우리 회사 매출이 얼마가 될지 정확하게 확정할 수 있어야 하는데 도통 확정할 수가 없겠지요.

"아, 그런 상황에서 쓰는 게 '선물환'인 건가요?"

그래요. 수출입을 하는 기업들의 이와 같은 고민들을 덜어 주는 것이 '선물환'입니다. 선물환 거래란 미래의 일정 시점에 주고받게 될 외국 돈의 가격(환율)을 현재 시점에서 미리 정해 둠으로써 미래의 환율 변동으로 인한 손실을 회피하는 방법입니다. 기업은 수익 기회와 손실 기회가 있을 때 수익 기회를 좇기보다는 손실 위기를 막는 데 더 큰 관심을 둡니다. 그래야 안정적인 경영을 할 수 있으니까요. 때문에 6개월 뒤 15억 원의 매출을 올릴 기회를 탐색하기보다는 매출이 5억 원으로 반 토막 나는 위험을 피하려고 하지요. 이때 선물환은 기회를 없애는 대신 위험이 함께 사라지게 함으로써 안정적인 경영을 도와줍니다.

"예를 들어 설명해 주세요."

수입업자가 환율이 1달러＝1200원일 때 미국으로부터 오렌지를 수입하고 3개월 뒤에 수입 대금을 달러로 지급하기로 한 경우 3개

월 뒤에 환율이 1달러=1200원 이상으로 상승하면 원화로 환산한 수입 대금이 많아져서 손실을 보게 됩니다. 그런데 수입업자가 환율이 1200원 이상으로 될 경우의 손실을 피하기 위하여 은행에서 3개월 뒤에 달러를 1달러=1200원의 환율로 매입하기로 하는 계약(3개월 만기 선물환 매도 계약)을 현재 시점에서 미리 체결해 둔다면, 3개월 뒤에 환율이 상승하더라도 손실을 보지 않게 되지요.

"선생님! 이해가 잘 되지 않아요."

위에서 설명한 내용을 다음 표에 정리해 보았어요. 자세히 보면 이해할 수 있을 거예요. 만약 수입 대금에 대한 선물환 계약을 체결하지 않았다면 5000만 원의 손실을 보게 될 상황이었던 것이지요.

선물환 계약에 따른 수입 대금 손익 변동(예시)

	일자	환율	수입 대금	손익
수입 계약 시	2002.1.10.	1200	12억	
선물환 계약 미체결 시 〈수입 대금 지급 시(3개월 후)〉	2002.4.10.	1250	12억 5000만	5000만 원 손실
선물환 계약 체결 시(1200원/달러) 〈수입 대금 지급 시(3개월 후)〉	2002.4.10.	1250	12억	

"환 위험을 피하는 다른 방법도 설명해 주세요."

수취
받아서 가진다는 뜻으로 '받음'
이라는 말과 바꾸어 쓸 수 있습
니다. 반대되는 개념으로 '지급'
이 있지요.

금융 기관과의 거래를 통하여 환 위험을 피하는 방법 외에도 개인이나 기업이 자체적으로 환 위험을 피할 수 있는 방법이 있어요. 예를 들어, 개인이나 기업 등이 환율 변동에 대비하여 외국 돈의 **수취**와 지급 시기를 일치시키거나(matching), 또는 그 시기를 앞당기거나 지연시키는(leading and lagging) 방법 등이 있습니다.

"좀 더 자세히 설명해 주세요."

수출업자는 환율 상승이 예상될 경우 수출품의 선적 시기나 **수출 어음**의 매도 시기를 가능한 한 지연시킴으로써 이익을 증대시킬 수 있으며, 수입업자는 반대로 수입 대금을 가능한 한 앞당겨 지급함으로써 수입 대금의 지급 부담을 줄일 수 있답니다.

수출 어음
무역 어음 중 수출 거래의 결제
를 위해서 발행되는 환어음을 가
리킵니다. 이때 '환어음'은 발행
자가 이것을 가지고 있는 사람에
게 일정한 날짜에 일정한 금액을
지불할 것을 제삼자에게 위탁하
는 어음을 뜻합니다.

환 변동 보험
환시세의 변동으로 인하여 입는
손해를 보상하기 위해 만들어진
보험입니다.

이와 같이 개인이나 기업 등이 환 위험을 관리하는 방법은 여러 가지가 있으며 최근 그 종류가 점점 다양해지고 기법도 크게 발전하고 있어요. 다만 이들을 활용하기 위해서는 환 위험 관리에 대한 전문적인 지식이 요구됨에 따라, 이에 대한 전문 지식이 부족한 개인이나 중소기업 등은 자체적으로 환 위험을 관리하기보다는 금융 기관이나 간편한 **환 변동 보험** 등을 활용하는 것이 보다 바람직할 수 있겠지요.

요지경 환율

우리나라 물건을 가장 싸게 살 수 있는 곳은 어디일까요? 맞아요, 우리나라이지요. 그럼 일본 물건을 가장 싸게 살 수 있는 곳은 어디일까요? 그래요, 그건 일본입니다. 물건을 이동할 때 드는 운송료와 나라를 오갈 때 드는 관세 등이 붙지 않았기 때문이지요. 사실

각국의 화폐 단위

외국에서 우리나라 돈으로 1000원 정도에 판매되는 물건을 수입하면, 여기에 관세와 운송료, 마진 등이 붙어 우리나라에서는 1600원, 1700원에 판매되니까요.

그런데 이런 일반적인 사실을 뒤엎는 일이 실제 경제 생활에서는 발생하고는 합니다. 예를 한번 들어 볼까요? 2009년 당시 일본에서 만들어진 게임기를 일본 사람들이 사려고 할 때 일본이 아닌 우리나라에서 사는 것이 더 이익이었다고 합니다.

어떻게 이런 일이 가능한 걸까요? 그건 바로 '환율' 때문입니다. 2008년 초반 이전 엔화 환율이 1:10 가량일 때 게임기가 대량으로 수입되었지요. 그런데 2008년 하반기 이후 엔화 환율이 급속도로 치솟으며 엔화 환율이 1:16 가량으로 되어 버렸습니다. 결국 2008년에는 1000엔을 한국 돈으로 바꿀 때 1만 원 정도의 값어치였다면, 2009년에는 1만 6000원 정도의 값어치가 된 것이지요.

일본 사람들이 자신의 나라에서 게임기를 사려면 2만 엔을 줘야 한다면, 25만 원에 판매되고 있는 한국에서는 1만 5620엔 정도만 있으면 된다는 결론에 도달하는 것입니다. 대략 4400엔 가량 이익을 보는 것이지요. 이렇게 '환율' 때문에 자기 나라의 물건을 더 싸게 사기 위해 다른 나라로 가야 하는 일이 생기기도 하는 것입니다.

환율로 빅맥 지수를 계산해 볼까? 한국의 빅맥 가격 3300원을 미국의 3.1달러로 나누면 1064원 정도 나오네요.

=우리나라 3300원
÷
= 미국 3.1달러
↓
1064.5161613원

실제 환율이 1달러=1100원이니까 큰 차이 없이 제대로 평가되고 있음을 알 수 있어요.

실제 환율
1$=1100₩

1100₩   1064₩

평가

한국에 투자하겠어!

이자율의 차이로 환율이 크게 변동할 수 있어요.

나도 외국에 투자할래!

해외 투자가 증가하면 외화에 대한 수요가 증가해서 환율이 상승해요!

수출입을 하는 기업은 환율 변동에 따라 이윤에 큰 차이가 발생해요.

수출업자

계약할 때
1$=1000₩

대금 받을 때
1$=900₩

하락

그래서 선물환 계약을 통해서 환율로 인한 손해를 미리 방지할 수 있어요.

애매한 환율, 이렇게 딱 정한 겁니다.

선물환 매도 계약서

" 환율은 경제 공부의 시작"

환율은 우리 생활과 밀접한 관련이 있습니다. 경제 활동의 영역이 국내에만 국한되지 않기 때문입니다. 또한 국제적 교역이 국내 경제에도 큰 영향을 끼치기 때문에 국민들의 생활에 변화를 가져오는 것은 당연한 일입니다. 해외로 여행을 가거나 다른 나라에서 빌린 돈을 다시 갚을 때, 또는 다른 국가와 교역을 하고자 할 때는 해당 국가의 돈이 필요합니다. 그리고 외국의 돈은 일반 재화처럼 돈을 지불하고 사야 하지요. 이러한 행위를 환전이라 하는데, 이때 우리나라 돈과 외국 돈의 교환 비율을 환율이라고 합니다. 통상 환율은 '1달러로 교환할 수 있는 우리 돈의 양'으로 정의하며 '원 · 달러 환율'로 나타냅니다. 환율이 1200원/달러에서 1300원/달러로 올랐다는 말은, 외국 돈 1달러를 사기 위해 예전에는 우리 돈 1200원이 필요했는데 이제는 1300원이 필요해졌다는 얘기입니다. 쉽게 말해, 외국 돈의 가격(가치)이 올랐고, 동시에 우리 돈의 가치는 떨어졌다는 의미입니다. 결국 환율과 원화 가치의 변화 방향은 반대가 됩니다.

그렇다면 환율은 어떻게 결정된다고 했지요? 환율도 일반 재화처럼 시장에서의 수요와 공급에 의해 결정됩니다. 즉, 외환 시장에서 외화(달러)의 수요와 공급에 의해 결정됩니다. 외국으로부터 수입이 늘거나 해외여행을 가려는 사람이 많아져 달러 수요가 많아지는 경우 환율은 오르게 되고, 우리나라에 해외 관광객이 많이 들어오거나 수출을 해서 달러를 많이 벌어 오는 경우 달러 공급이 많아져 환율은 떨어지게 됩니다.

특히 환율은 외국과 교역을 하는 사람들에게 직접적인 영향을 미칩니다. 환율이 1200원/달러에서 1300원/달러로 상승하면 1만 달러어치 물건을 수출하고 받은 달러를 환전할 경우 수출업자의 총수입은 1200만 원에서 1300만 원으로 증가하게 됩니다. 반대로, 수입 대금을 지불해야 하는 수입업자는 손해를 보게 됩니다.

정부나 일반 개인도 환율의 영향을 받습니다. 환율이 오르면 달러로 갚아야 하는 외채 상환 부담이 늘어나고, 유학이나 해외여행에 대한 부담도 늘어 출국자는 줄고 입국자가 늘어납니다.

사실 돈은 그 자체가 고정되어 있는 것이 아니라, 물건이나 서비스 등을 구매하는 수단일 뿐입니다. 그래서 돈(화폐) 위에 표시되어 있는 숫자는 그냥 숫자에 불과하다는 것을 이해하는 것이 중요합니다. 비록 똑같은 1000원이라도 물가에 따라서, 환율에 따라서 그 실제 가치는 얼마든지 바뀔 수 있습니다.

사실 몇 년 전에는 1000원으로 라면을 두 개 살 수 있었지만, 지

금은 하나밖에 사지 못합니다. 화폐의 수는 똑같지만 실제 가치는 떨어진 것입니다. 이것은 긴 기간을 고려하여 한 이야기라 이해하기 쉽겠지만, 이 글을 보는 지금 이 순간에도 여러분 지갑에 있는 1000원짜리 지폐의 가치는 시시각각 변할 수 있습니다. 물가에 의해서도, 환율에 의해서도 말이지요. 아주 단순한 이야기 같지만, 이와 같은 변화무쌍한 화폐 가치의 변동을 생각하면서 각 경제 통계를 접하는 훈련은 경제 현상을 이해하고 자신의 돈을 지키는 데 매우 중요합니다.

이 책을 읽은 여러분은 모든 경제 활동을 전보다 더 잘할 수 있으며 의사 결정을 합리적으로 하고 생각을 논리적으로 할 수 있는 경제인이 되었습니다. 이 책을 통해 지니게 된 경제 지식은 여러분의 삶에 매우 유용하게 사용될 것입니다. 여러분의 경제 여행은 여기서 끝나는 것이 아니라 어른이 되어 사회 생활을 할 때에도 계속됩니다. 경제를 잘 알게 된 여러분은 남들보다 더 재미있고 더 유익하고 더 안전하고 더 효율적으로 경제 여행을 즐길 수 있을 것입니다.

기출 문제 활용 노트

2010년도 수능(경제) 10번

그래프에 나타난 환율 변동에 대한 학생들의 진술로 옳지 않은 것은?

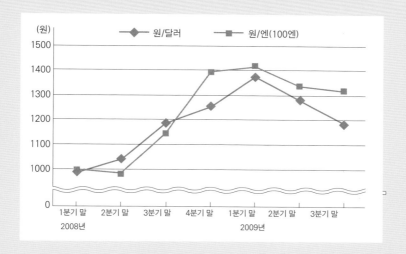

① 갑 : 2008년에 원화의 가치가 달러화에 비해 지속적으로 감소했어.

② 을 : 원·달러 환율은 2008년 대미 상품 수지 개선에 도움을 주는 요인이었어.

③ 병 : 2008년 봄에 가려고 했던 일본 여행을 2009년으로 미루는 것이 아니었는데.

④ 정 : 2008년 2분기에는 엔화의 가치가 달러화에 비해 상승했어.

⑤ 무 : 2008년 원·달러 환율은 수입 원자재의 국내 가격을 상승시키는 요인이었어.

2011년도 수능(경제) 17번

(가), (나)에서 국내 기업들의 원·달러 환율 변동에 대한 예측으로 옳은 것은?

> (가) 기업 운영 자금이 필요하지만 수출 대금으로 받은 달러화의 원화 환전을 미루는 기업들이 늘어나고 있다.
> (나) 달러화 저축 이자율이 원화 저축 이자율보다 낮지만 기업들의 달러화 저축이 빠른 속도로 증가하고 있다.
> * 달러화 저축: 달러화로 저축하고 달러화로 찾음.

① (가)상승, (나)상승   ② (가)상승, (나)하락

③ (가)하락, (나)상승   ④ (가)하락, (나)하락

⑤ (가)하락, (나)불변

2010년도 수능(경제) 10번 답 ④

그래프를 살펴보면, 원·달러 환율과 원·엔 환율이 2008년 1분기에는 비슷했지만 2분기에는 원·엔 환율이 하락한 것을 알 수 있어요. 다시 말해 엔화는 원화에 대해 가치가 떨어졌고, 달러화는 원화에 대해 가치가 올라간 것이지요. 즉, 엔화의 가치가 달러화에 비해 떨어졌음을 알 수 있습니다.

2008년에 원·달러 환율이 계속 올랐으므로 원화의 가치는 달러화에 비해 지속적으로 감소했다는 ①번 '갑'의 진술은 옳습니다. 또한 미국을 상대로 한 무역에서 수출이 증가하였을 것이므로 수지 개선에 도움을 주었다는 ②번 '을'의 진술도 옳습니다. 그리고 2008년 2분기 말 이후부터 2009년 1분기 말까지는 원·엔 환율이 지속적으로 올랐습니다. 따라서 2008년보다 2009년에 여행을 하는 것이 더욱 부담이 된다는 ③번 '병'의 진술은 옳지요. 끝으로 2008년의 원·달러 환율 상승은 수입에 영향을 주어 수입 원자재의 국내 가격을 상승시키는 요인이 되었다는 ⑤번 '무'의 진술도 옳습니다.

따라서 정답은 ④번입니다.

2011년도 수능(경제) 17번 답 ①

(가)는 당장 돈이 필요하지만 달러화를 원화로 바꾸는 일을 미루고 있고, (나)는 이율이 낮지만 달러화 저축을 더 선호하고 있습니다. 왜 그런 걸까요? 그건 바로 달러화의 가치가 올라갈 것을 예상하기 때문이지요.

(가)의 경우는 앞으로 달러화의 가치가 높아 달러 환율이 상승할 것으로 보기 때문에 원화 환전을 미루고 있는 것입니다. 다시 말해 국내 기업들이 원·달러 환율이 상승할 것으로 예측한다는 뜻이지요. 그리고 (나)의 경우는 원화에 비해 이자율이 낮은 달러화 저축이 늘어나고 있는 것으로 보아 앞으로 달러화의 가치가 높아져 달러화 환전에 따른 이익이 원화의 이자 수익보다 높을 것으로 본 것입니다. 다시 말해 국내 기업들이 원·달러 환율이 상승할 것으로 예측한다는 뜻이지요.

따라서 정답은 (가)도 '상승', (나)도 '상승'인 ①번입니다.

경제학자가 들려주는 경제 이야기 13

카셀이 들려주는 환율 이야기

ⓒ 승지홍, 2012

초판 1쇄 발행일 2012년 3월 5일
초판 3쇄 발행일 2022년 8월 19일

지은이   승지홍
그린이   오승만
펴낸이   정은영

펴낸곳   ㈜자음과모음
출판등록   2001년 11월 28일 제2001-000259호
주소   10881 경기도 파주시 회동길 325-20
전화   편집부 02) 324-2347 경영지원부 02) 325-6047
팩스   편집부 02) 324-2348 경영지원부 02) 2648-1311
이메일   jamoteen@jamobook.com

ISBN 978-89-544-2564-3 (44300)

과학공화국 법정시리즈 <small>(정완상 외 지음 | 전 50권)</small>

생활 속에서 배우는 기상천외한 수학 · 과학 교과서!
수학과 과학을 법정에 세워 '원리'를 밝혀낸다!

이 책은 과학공화국에서 일어나는 사건들과 사건을 다루는 법정 공판을 통해 청소년들에게 과학의 재미에 흠뻑 빠져들게 할 수 있는 기회를 제공한다. 우리 생활 속에서 일어날 만한 우스꽝스럽고도 호기심을 자극하는 사건들을 통하여 청소년들이 자연스럽게 과학의 원리를 깨달으면서 동시에 학습에 대한 흥미를 가질 수 있도록 구성하였다.

과학자가 들려주는 과학 이야기 (전 130권)

위대한 과학자들이 한국에 착륙했다!
어려운 이론이 쏙쏙 이해되는 신기한 과학수업,
〈과학자가 들려주는 과학 이야기〉 개정판과 신간 출시!

〈과학자가 들려주는 과학 이야기〉 시리즈는 어렵게만 느껴졌던 위대한 과학 이론을 최고의 과학자를 통해 쉽게 배울 수 있도록 했다. 또한 지적 호기심을 자극하는 흥미로운 실험과 이를 설명하는 이론들을 초등학교, 중학교 학생들의 눈높이에 맞춰 알기 쉽게 설명한 과학 이야기책이다.

특히 추가로 구성한 101~130권에는 청소년들이 좋아하는 동물 행농, 공룡, 식물, 인체 이야기와 최신 이론인 나노 기술, 뇌 과학 이야기 등을 넣어 교육 과정에서 배우고 있는 과학 분야뿐 아니라 최근의 과학 이론에 이르기까지 두루 배울 수 있도록 구성되어 있다.

★ *개정신판 이런 점이 달라졌다!* ★

첫째, 기존의 책을 다시 한 번 재정리하여 독자들이 더 쉽게 이해할 수 있게 만들었다.

둘째, 각 수업마다 '만화로 본문 보기'를 두어 각 수업에서 배운 내용을 한 번 더 쉽게 정리하였다.

셋째, 꼭 알아야 할 어려운 용어는 '과학자의 비밀노트'에서 보충 설명하여 독자들의 이해를 도왔다.

넷째, '과학자 소개·과학 연대표·체크, 핵심과학·이슈, 현대 과학·찾아보기'로 구성된 부록을 제공하여 본문 주제와 관련한 다양한 지식을 습득할 수 있도록 하였다.

다섯째, 더욱 세련된 디자인과 일러스트로 독자들이 읽기 편하도록 만들었다.

수학자가 들려주는 수학 이야기 (전 88권)

국내 최초 아이들 눈높이에 맞춘 88권짜리 이야기 수학 시리즈!
수학자라는 거인의 어깨 위에서 보다 멀리, 보다 넓게
바라보는 수학의 세계!

수학은 모든 과학의 기본 언어이면서도 수학을 마주하면 어렵다는 생각이 들고 복잡한 공식을 보면 머리까지 지끈지끈 아파온다. 사회적으로 수학의 중요성이 점점 강조되고 있는 시점이지만 수학만을 단독으로, 세부적으로 다룬 시리즈는 그동안 없었다. 그러나 사회에 적응하려면 반드시 깨우쳐야만 하는 수학을 좀 더 재미있고 부담 없이 배울 수 있도록 기획된 도서가 바로 〈수학자가 들려주는 수학 이야기〉 시리즈이다.

★ 무조건적인 공식 암기, 단순한 계산은 이제 가라!★

- 〈수학자가 들려주는 수학이야기〉는 수학자들이 자신들의 수학 이론과, 그에 대한 역사적인 배경, 재미있는 에피소드 등을 전해 준다.
- 교실 안에서뿐만 아니라 교실 밖에서도, 배우고 체험할 수 있는 생활 속 수학을 발견할 수 있다.
- 책 속에서 위대한 수학자들을 직접 만나면서, 수학자와 수학 이론을 좀 더 가깝고 친근하게 느낄 수 있다.

역사공화국 한국사법정 (전 60권)
세계사법정 (30권 출간)

교과서 속 역사 이야기, 법정에 서다!
법정에서 펼쳐지는 흥미로운 역사 이야기

흔히들 역사는 '승자의 기록'이라 말합니다. 그래서 대부분의 역사 교과서나 역사책은 역사 속 '승자'만을 중심으로 이야기하지요. 그렇다면 과연 역사는 주인공들만의 이야기일까요?

역사 속 라이벌들이 한자리에 모여 재판을 벌이는 역사공화국 한국사·세계사법정에서는 교과서 속 역사 이야기가 원고와 피고, 다채로운 증인들의 입을 통해 소송을 벌이는 '법정식' 구성으로 극적 재미를 더하고 있습니다. 이를 통해 독자는 역사 속 인물들의 치열한 공방을 따라가며 역사를 입체적으로 살펴볼 수 있습니다.